La guerra Pequot

Una guía fascinante sobre el conflicto armado en Nueva Inglaterra entre el pueblo pequot y los colonos ingleses y su papel en la historia de los Estados Unidos de América

© Copyright 2021

Todos los derechos reservados. Ninguna parte de este libro puede ser reproducida de ninguna forma sin el permiso escrito del autor. Los revisores pueden citar breves pasajes en las reseñas.

Descargo de responsabilidad: Ninguna parte de esta publicación puede ser reproducida o transmitida de ninguna forma o por ningún medio, mecánico o electrónico, incluyendo fotocopias o grabaciones, o por ningún sistema de almacenamiento y recuperación de información, o transmitida por correo electrónico sin permiso escrito del editor.

Si bien se ha hecho todo lo posible por verificar la información proporcionada en esta publicación, ni el autor ni el editor asumen responsabilidad alguna por los errores, omisiones o interpretaciones contrarias al tema aquí tratado.

Este libro es solo para fines de entretenimiento. Las opiniones expresadas son únicamente las del autor y no deben tomarse como instrucciones u órdenes de expertos. El lector es responsable de sus propias acciones.

La adhesión a todas las leyes y regulaciones aplicables, incluyendo las leyes internacionales, federales, estatales y locales que rigen la concesión de licencias profesionales, las prácticas comerciales, la publicidad y todos los demás aspectos de la realización de negocios en los EE. UU., Canadá, Reino Unido o cualquier otra jurisdicción es responsabilidad exclusiva del comprador o del lector.

Ni el autor ni el editor asumen responsabilidad alguna en nombre del comprador o lector de estos materiales. Cualquier desaire percibido de cualquier individuo u organización es puramente involuntario.

Índice

INTRODUCCIÓN 1
CAPÍTULO 1 - LA CONCEPCIÓN EUROPEA DE LOS NATIVOS AMERICANOS 3
CAPÍTULO 2 - ¿QUIÉNES ERAN LOS PEQUOT? 7
CAPÍTULO 3 - LA COLONIA DE LA BAHÍA DE MASSACHUSETTS DE NUEVA INGLATERRA 14
CAPÍTULO 4 - LOS ACONTECIMIENTOS QUE DESENCADENARON LA GUERRA PEQUOT 25
CAPÍTULO 5 - CAPACIDADES MILITARES, ORGANIZACIÓN Y TÁCTICAS DE LOS BELIGERANTES 37
CAPÍTULO 6 - ESCALADA DEL CONFLICTO 45
CAPÍTULO 7 - LA CAMPAÑA DEL RÍO MYSTIC 54
CAPÍTULO 8 - LA MADRE DE TODOS LOS CRÍMENES 70
CAPÍTULO 9 - ANÁLISIS Y COMPARACIÓN DE LA GUERRA DEL REY FELIPE Y LA HISTORIOGRAFÍA DE LA GUERRA PEQUOT 77
CAPÍTULO 10 - ¿DÓNDE ESTÁN HOY? UNA MIRADA A LOS PEQUOT 89
CONCLUSIÓN 97
VEA MÁS LIBROS ESCRITOS POR CAPTIVATING HISTORY 100
LITERATURA: 101
FUENTES PRIMARIAS: 103

Introducción

La guerra Pequot (1636-1638) fue un episodio breve, pero extremadamente violento y sangriento, de la historia de Estados Unidos. Este acontecimiento representa uno de los puntos de inflexión en toda la historia de Norteamérica, ya que la guerra cambió el equilibrio de poder. Las autoridades coloniales holandesas perdieron su condición de fuerza económica y política dominante, mientras que los ingleses se hicieron con este epíteto. El final de la guerra representó también la primera etapa de la expansión intensiva de Inglaterra en esa parte del mundo.

Este acontecimiento histórico demuestra los antagonismos insuperables entre dos culturas y percepciones opuestas. Fue solo el comienzo de los conflictos entre los colonos europeos y los nativos americanos, ya que la guerra Pequot permitió a los puritanos disponer de un campo de pruebas para examinar sus capacidades militares en el Nuevo Mundo y observar las capacidades de las tribus nativas americanas.

El libro se compone de varios capítulos que examinan diversos aspectos de la guerra Pequot. Al principio, el lector tendrá la oportunidad de conocer la opinión de los europeos sobre los pueblos que habitaban el Nuevo Mundo. La imagen europea típica del "salvaje" indígena que vivía en América del Norte es uno de los elementos fundamentales para entender la enorme cantidad de violencia registrada durante la guerra Pequot, así como otros conflictos que tuvieron lugar posteriormente. En este libro también se puede encontrar información sobre la tribu Pequot y su importancia para la zona de Connecticut en general, así como sus costumbres, su forma de vida y su religión. Además se explican las condiciones en que los puritanos abandonaron su tierra natal, el proceso de asentamiento y colonización, la organización de las colonias y las ambiciones de los dirigentes de Nueva Inglaterra.

Este conflicto fue el producto de acontecimientos extremadamente complejos, y uno de los capítulos más amplios de este trabajo habla de los eventos que condujeron a la guerra. Este libro también ofrece detalles sobre las capacidades militares de las partes enfrentadas. Se presentan con detalle las tácticas de combate de ambos bandos, incluyendo el arsenal militar del que disponían los puritanos y los pequot. Se ofrece una visión interna de las maniobras militares, las operaciones bélicas iniciales y los conflictos entre los bandos enfrentados. La parte central y más extensa del libro habla de la organización de la mayor operación militar durante la guerra Pequot: la campaña inglesa del río Mystic, que fue también la etapa final del conflicto.

La guerra Pequot contiene cuestiones raciales y religiosas que aluden a las acciones genocidas de los europeos en Norteamérica. Esta dimensión de la guerra sigue siendo objeto de controversia entre la comunidad académica, y se entenderá por qué. Por último, se hablará de las consecuencias de la guerra Pequot y del enfoque historiográfico de este acontecimiento.

A lo largo de este libro, ampliaremos nuestra comprensión de los principales protagonistas de este episodio histórico. Estos individuos dejaron su huella en uno de los episodios más significativos de la historia de los Estados Unidos.

Capítulo 1 - La concepción europea de los nativos americanos

Supongamos que empezamos a buscar los factores que condujeron a la guerra Pequot y a otros conflictos mutuos entre los nativos americanos y los europeos. En ese caso, es necesario examinar la concepción que el hombre europeo tenía de las tribus indígenas de América del Norte. Los primeros registros del mundo recién descubierto y de los nativos de América del Norte condujeron significativamente a la formación de estereotipos. Estos registros describen a los nativos americanos como salvajes blasfemos que beben sangre y sacrifican niños. La existencia parcial de canibalismo entre los nativos americanos tuvo un efecto considerablemente negativo en la comprensión europea de los nativos de Norteamérica, y los textos sobre la adoración de fantasmas y la brujería tuvieron un impacto muy negativo en los europeos católicos. Los registros de incesto, sodomía y brujería son también elementos comunes encontrados en estos primeros textos.

El intenso contacto entre europeos y nativos desde el inicio de la colonización provocó la aparición de enfermedades infecciosas entre los nativos norteamericanos, que no habían desarrollado inmunidad frente a ciertas enfermedades, como la viruela, la tuberculosis, la gripe y la malaria. Los europeos vieron esta pandemia a través del prisma de la religión. En concreto, la opinión establecida era que Dios estaba castigando a los nativos americanos por blasfemia y, en general, por su forma de vida, que era inaceptable para los europeos. Los puritanos creían que, de este modo, Dios "purificaba" la tierra para ellos y les daba espacio para asentarse. La Iglesia tampoco tomó ninguna consideración hacia los nativos americanos; por el contrario, propagó a toda costa el cristianismo entre los nativos. Esta visión omnipresente de los nativos americanos resonó también entre los puritanos. Es, sin duda, uno de los elementos que condujeron a una brutalidad sin precedentes durante la guerra Pequot.

Desde principios del siglo XVII, el Nuevo Mundo se convirtió en sinónimo de la encarnación de Satanás. Debido a estas actitudes, no es de extrañar que los puritanos se mostraran escépticos a la hora de coexistir con los pequot y otras tribus de la zona. La información sobre estas actitudes de los puritanos nos la proporciona el cronista de la colonia de la bahía de Massachusetts, Edward Johnson, que sirvió como soldado en la guerra Pequot y fue uno de los fundadores de Woburn, Massachusetts. Los europeos creían que, al colonizar, traían la paz y la civilización a los nativos americanos; sin embargo, los europeos no hacían más que imponerles su política, su religión, su economía y su concepción universal de la vida. Los europeos creían en la superioridad moral sobre los demás y trataban de transmitir esos valores a toda costa.

Debido a esta visión europea, los pequot y otros nativos americanos despertaban ciertamente el miedo de los europeos y, por tanto, era inevitable que los colonos creyeran que los nativos representaban una amenaza. Uno de los principios de la ideología puritana de la época era la lucha contra el mal. Como ya se ha mencionado, los nativos americanos eran el diablo encarnado, y los ingleses creían que una de sus principales misiones era combatir a Satán. Los ingleses también estaban furiosos porque sus persistentes esfuerzos por bautizar a las tribus nativas eran infructuosos. Los colonos ingleses no entendían la convivencia y la tolerancia, pues creían que si permitían tal cosa, con el tiempo, ellos mismos se convertirían en tales.

Lamentablemente, debido a la falta de fuentes escritas, no existen muchos datos sobre la comprensión de los nativos americanos hacia los europeos. Aparte de las tradiciones orales, no hay otras fuentes que nos digan cómo percibían a los europeos y sus costumbres. Sabemos que los nativos americanos al principio de la colonización estaban satisfechos con su cooperación comercial mutua. A través del comercio, los europeos introdujeron a los nativos americanos el hierro y los logros técnicos específicos que hacían más cómoda su vida cotidiana. Así, las tribus desarrollaron buenas relaciones comerciales con los holandeses al principio de la colonización y cooperaron con ellos durante años para satisfacción general de todos.

El problema surgió cuando se produjo una migración masiva de europeos a Norteamérica. Surgieron desacuerdos entre los propios inmigrantes europeos, que afectaron en gran medida a la población indígena. Según las tradiciones orales disponibles que se han conservado hasta hoy, está claro que los nativos americanos no entendían del todo por qué los europeos se esforzaban tanto en imponer su modo de vida a las tribus. Los nativos observaban los logros tecnológicos de la civilización europea más avanzada con interés y curiosidad. Para ellos, los grandes barcos europeos no parecían barcos; en cambio, los nativos americanos los llamaban "islas móviles". Los nativos americanos no entendían por qué los europeos llevaban tanta ropa, ya que ellos mayormente cubrían sus partes íntimas del cuerpo. Tras llegar a Norteamérica, los primeros investigadores europeos registraron cómo algunos nativos empezaron a adorar las hachas de metal y las armas de fuego después de conocer estos objetos. El modo de vida y los modales de los europeos eran totalmente desconocidos para los nativos, por lo que estos "blancos con barba" fueron considerados por algunos como una nueva especie. También es interesante la interpretación de las enfermedades infecciosas entre los nativos, que veían este fenómeno como un poder terrible y mortal que el hombre blanco llevaba consigo. Con el tiempo, los nativos americanos empezaron a ver a los europeos como ocupantes que querían su país a toda costa.

Capítulo 2 - ¿Quiénes eran los pequot?

Los pequot eran una tribu nativa americana de gran tamaño. Según las primeras fuentes históricas, que datan de 1600, la tribu Pequot tenía aproximadamente unos 4.000 miembros. Habitaban la orilla sureste del río Connecticut, así como los alrededores del actual río Támesis. El área que ocupaban era de unos 250 kilómetros cuadrados. Según las últimas fuentes, la palabra "pequot" viene de *Paquatauoq*, que se traduce vagamente como "destructores". Lo más probable es que ese nombre fuera el producto de feroces guerras con otras tribus indígenas. Los pequot tenían fama de ser guerreros agresivos y valientes. También se cree que emigraron veinte años antes de la llegada de los ingleses desde la zona alta de Nueva York.

Algunos creen que su llegada a la zona de Connecticut fue turbulenta. Afectó a toda la región, ya que desplazaron a las pequeñas comunidades tribales que habitaban la zona. Al emigrar, mostraron su actitud beligerante hacia los demás. Sin embargo, puede que no fuera así, ya que las enseñanzas históricas y científicas sobre la migración de la tribu Pequot están bastante divididas. Algunos resultados arqueológicos indican que los pequot habían inhibido el territorio de Connecticut durante mucho más tiempo. Algunos estudios lingüísticos también sugieren una presencia más establecida de los pequot en la zona de Connecticut.

Se supone que antes de la llegada de los europeos, los pequot eran una comunidad de clanes. Cada clan representaba una entidad política diferente, en la que aún prevalecían creencias similares. El establecimiento de relaciones comerciales con los inmigrantes europeos cambió ciertas corrientes sociales de la tribu Pequot. Antes de estas primeras conexiones comerciales, las viviendas de la tribu Pequot eran temporales. A medida que su participación en el comercio se hizo más intensa, los nativos americanos se apegaron más a los puntos de comercio y cambiaron sus hábitos nómadas. En estas circunstancias, los asentamientos nativos ganaron importancia, ya que muchos se convirtieron en importantes lugares de comercio. Hasta cierto punto, estos cambios económicos afectaron a la actitud de los nativos hacia el medio ambiente, ya que los pequot comenzaron a producir y explotar más recursos naturales.

A principios del siglo XVII, las tribus Pequot y Mohegan se unieron y fueron dirigidas por el jefe Sassacus. Pronto se produjo una ruptura entre estas dos tribus, que empezaron a actuar de forma independiente. Uncas, un antiguo miembro de la tribu Pequot unificada, se separó con su gente afín y formó la tribu Mohegan. Aunque los mohegan y los pequot eran idénticos en cuanto a características culturales, sus diferentes puntos de vista e intereses en cuanto a liderazgo provocaron la división entre ambos.

Los pequot se dedicaban a la agricultura, la caza y la pesca. Los cultivos más importantes de esta tribu eran el maíz, las judías y las calabazas. Es interesante que las mujeres, con la ayuda de los niños, se dedicaran exclusivamente a la agricultura, excepto el cultivo del tabaco, que era únicamente realizado por los hombres. La dieta de los pequot era variada, aunque los cultivos, la carne, los frutos secos y las frutas estaban regularmente en la mesa.

La tribu vivía en viviendas permanentes y, durante la temporada de caza, los hombres abandonaban sus hogares y formaban asentamientos temporales llamados "wigwams". Eran refugios hechos con árboles en forma piramidal, cubiertos con corteza de árbol, hojas y pieles de animales.

Los pequot tenían una jerarquía tribal organizada. El representante de la tribu era el jefe, pero el chamán también tenía un papel importante en la sociedad. El consejo tribal desempeñaba un papel fundamental en la toma de decisiones. Entre diez y quince hombres formaban parte del consejo, y estos tenían que demostrar su valía de una manera determinada, ya sea en el campo de batalla o en otro papel de liderazgo. El gran jefe, o sachem, era el individuo más influyente de la comunidad tribal. La función del sachem oscilaba según la tribu, lo que significa que algunos sachems tenían mayor o menor influencia que otros. Como dato interesante, las mujeres eran miembros iguales de la sociedad pequot. Incluso tenían derecho a dirigir sus propios negocios.

Los pequot no usaban dinero, sino que se basaban en el trueque. Su moneda de cambio era el wampum, una cadena de cuentas muy codiciada. Esta joya no era solo un medio de comercio, ya que también simbolizaba el estatus en la sociedad y el poder espiritual. El wampum no solo era valorado por los pequot, sino también por muchas otras tribus indígenas norteamericanas. Cabe destacar que los pequot no trabajaban para obtener beneficios materiales. La noción de beneficio económico no existía, sino que los pequot vivían en comunidad y solo utilizaban los recursos naturales que necesitaban para sobrevivir.

Se sabe que los pequot eran cazadores muy hábiles. Las principales armas utilizadas por los pequot tanto en la guerra como en la caza eran bastones, hachas, cuchillos y arcos y flechas. También utilizaban canoas de madera para el transporte. Los pequot solían provocar deliberadamente incendios controlados, manteniendo así la transitabilidad de los bosques, lo que les facilitaba la caza. Antes de la llegada de los europeos a suelo norteamericano, los pequot ya estaban bastante organizados en términos militares, económicos y políticos. En las fuentes primarias se menciona a los pequot como una tribu rica en comparación con otras.

Los pequot tuvieron su primer contacto con los europeos a finales del siglo XV y principios del XVI. El contacto riguroso con los inmigrantes europeos continuó durante el siglo XVII, que fue cuando se produjo la colonización masiva de Norteamérica. Los pequot establecieron un intenso contacto principalmente con los holandeses, con los que comerciaban con cuero, joyas decorativas y wampum. Al igual que para muchas otras tribus indígenas de Norteamérica, este contacto más intenso con los europeos fue fatal para muchos. En concreto, los europeos les transmitieron varias enfermedades contagiosas que diezmaron a las tribus y cambiaron en cierto modo la estructura de las comunidades tribales norteamericanas.

A principios del siglo XVII se produjeron más migraciones masivas de inmigrantes europeos a Norteamérica, lo que provocó un aumento del número de infectados. La única forma de combatir las enfermedades infecciosas era abandonar el territorio, tras lo cual los europeos se apoderaron de tales regiones. En 1616, en la zona donde más tarde se establecería la colonia de la bahía de Massachusetts, estalló la peste bubónica. La segunda oleada de esta enfermedad se produjo tres años después, y fue aún más intensa que la primera. En 1633 y 1634 se produjo una epidemia de viruela en la misma zona. Estos sucesos afectaron enormemente a los vecinos nativos que estaban asentados cerca de la recién formada colonia inglesa, que se estableció en 1629. Entre los más cercanos estaban los pequot. Según algunas fuentes, unos 1.600 miembros de la tribu Pequot murieron a causa de las epidemias la peste bubónica y de viruela.

La interacción entre los nativos de Norteamérica y los europeos tuvo resultados extremadamente trágicos desde el principio. Las epidemias destruyeron pueblos y familias enteras y atacaron a todos los sectores de la población, incluidos los europeos. Aunque los europeos tenían una mayor inmunidad, la medicina del siglo XVII estaba poco desarrollada, lo que provocó mayores muertes. Estas enfermedades destruyeron las conexiones sociales tradicionales, especialmente en aquellas comunidades tribales en las que los europeos estaban en la "vecindad". La costa de Nueva Inglaterra estaba muy poblada, y el intenso contacto comercial entre los inmigrantes europeos y los nativos aceleró la propagación de la epidemia. Estas epidemias fueron reportadas por el colono inglés Thomas Morton, cuyo relato se remonta al siglo XVII. Morton es más notable por haber fundado la colonia de Merrymount, la actual Quincy, Massachusetts. La tribu Nauset (también conocida como los indios de Cabo Cod), que habitaba la zona de Cabo Cod, capturó a un colono europeo, que luego transmitió el virus a toda la comunidad. Morton escribe lo siguiente sobre este acontecimiento:

> "Uno de estos cinco hombres, que sobrevivió al resto, había aprendido tanto su lenguaje como para reprenderles por su sangrienta acción, diciendo que Dios se enfadaría con ellos por ello, y que en su disgusto los destruiría; pero los salvajes (parece que presumiendo de su fuerza), replicaron y dijeron, que eran tantos que Dios no podría matarlos. Pero al contrario, poco después la mano de Dios cayó con fuerza sobre ellos, con un golpe tan mortal que murieron amontonados en sus casas; porque en un lugar donde habitaban muchos, no había quedado más que uno vivo para contar lo que había pasado con los demás; no pudiendo los vivos (como parece) enterrar a los muertos, quedaron para que los cuervos, los milanos y las alimañas los depredaran. Y los huesos y esqueletos en los distintos lugares de sus viviendas constituyeron un espectáculo tan grande después de mi llegada a esos lugares, que, mientras viajaba por ese bosque cerca del Massachusetts, me pareció un nuevo Gólgota encontrado".

Existe un evidente "matiz religioso" en la interpretación que hace Morton de lo ocurrido a la tribu nativa. Esto permite al lector ver cómo la mayoría de los europeos observaban las epidemias que asolaban a la población nativa.

Los elementos de antagonismo entre los colonos europeos y las tribus indígenas eran múltiples, pero una de las mayores barreras para el entendimiento mutuo era la religión. Las rígidas creencias puritanas eran el mayor obstáculo para cualquier interacción entre los nativos de Norteamérica y los europeos. El único fragmento en el que las dos narrativas dogmáticas podían reconciliarse era la creencia en el más allá. Los nativos americanos, a diferencia de los europeos, no tenían edificios colosales destinados a realizar oraciones u otras formas de ritual espiritual. Los símbolos y textos religiosos tampoco eran elementos integrales de las prácticas religiosas de los nativos. Las creencias religiosas de los nativos estaban entrelazadas con su tradición, por lo que fragmentos de sus creencias dogmáticas permeaban en su folclore. A través de la danza, los nativos americanos buscaban conectar con lo espiritual; era una forma de acercarse a una entidad superior.

Las tribus nativas americanas que vivían cerca de las colonias de Nueva Inglaterra, entre las que se encontraban los pequot, creían que el alma humana existía en tres niveles. El primer nivel de estas creencias tenía que ver con los espíritus o las almas de las personas. Los pequot creían que, en determinados estados, el alma humana se separaba del cuerpo y podía viajar y comunicarse con el mundo que le rodeaba. El segundo nivel implicaba a los espíritus guardianes; estos, según las creencias de los nativos, podían existir en diversas formas e incluso adoptar la forma de plantas y animales. El grado más alto implicaba una entidad suprema, que podría compararse con el concepto cristiano de Dios. Como en muchas otras religiones, los nativos americanos de Norteamérica creían en la intrusión de espíritus malignos (similares a Satán). Los chamanes de las tribus trataban de expulsar a esos espíritus de la comunidad tribal o reducir su aparición mediante diversos rituales.

El censo colonial de 1774 mostraba unos 151 miembros de la tribu Pequot en la Reserva Mashantucket Pequot, que es una de las reservas más antiguas de Norteamérica. El siguiente censo, que data de principios del siglo XIX, fue aún más desolador, ya que mostraba solo 35 miembros. Hacia 1960, la mayoría de los pequot de la reserva se marcharon por motivos económicos. Los que se quedaron estaban atados a la tierra de sus antepasados. Las autoridades locales trataron de convertir la Reserva Mashantucket Pequot en un parque estatal. Sin embargo, tres hermanastras nacidas y criadas en la zona, Alice Brend, Martha Langevin y Elizabeth George, trataron de obstaculizar este intento a toda costa. Gracias a su perseverancia y esfuerzo, y a pesar de no contar con recursos económicos ni con la asistencia legal adecuada, consiguieron mantener la reserva intacta.

Sin embargo, incluso durante la década de los 70, la situación no era mucho mejor, ya que los miembros de la reserva tenían muchos problemas financieros. Durante este periodo, la tribu sobrevivió gracias a la naturaleza, su principal fuente de alimentos, y a una mínima ayuda financiera. La comunidad tribal también construyó un gran invernadero y crió ganado doméstico. En la actualidad, la comunidad tribal está gobernada por siete hombres mayores de cincuenta y cinco años, elegidos por un mandato de tres años. El consejo tribal gestiona todos los asuntos, pero también mantiene contactos con los representantes y autoridades estatales y locales. En la actualidad, la comunidad tribal se ocupa especialmente de los miembros más jóvenes de la comunidad. La asistencia sanitaria está regulada para todos, y se hace mucho hincapié en la educación. La comunidad tribal trata de animar al mayor número posible de personas a cursar estudios superiores, independientemente de su edad. Los miembros más jóvenes de la comunidad aprenden sobre la historia, la cultura y las tradiciones de la tribu Pequot.

Capítulo 3 - La colonia de la bahía de Massachusetts de Nueva Inglaterra

En la región noreste de Estados Unidos, los asentamientos fueron establecidos a principios del siglo XVII por dos grandes grupos religiosos: los peregrinos y los puritanos. Los peregrinos se asentaron en la costa atlántica, en la actual Plymouth (Massachusetts). Los peregrinos eran separatistas de la Iglesia de Inglaterra y establecieron la colonia de Plymouth en diciembre de 1620, que fue el primer asentamiento europeo permanente en Nueva Inglaterra. También fue el segundo asentamiento permanente en Norteamérica, siendo Jamestown, Virginia, el primero. Uno de los principales personajes de este grupo de peregrinos fue William Bradford, que ayudó a organizar este emprendimiento en pro de la libertad religiosa. Bradford resultó ser vital para el crecimiento de la colonia de Plymouth porque, entre otros, ayudó a redactar el Pacto del Mayflower. Este pacto fue el primer documento de gobierno de la colonia de Plymouth, y también el primer documento de autogobierno en el Nuevo Mundo.

El otro grupo religioso que se instaló en Norteamérica fueron los puritanos. Muchos puritanos emigraron primero a los Países Bajos, pero la sociedad liberal holandesa estaba en total contradicción con sus creencias. Por ello, decidieron trasladarse al Nuevo Mundo. Los puritanos abandonaron Inglaterra en masa, no solo por razones religiosas, sino también económicas.

Había dos facciones entre los puritanos de la época: los separatistas y los no separatistas. Los puritanos de mentalidad separatista creían que la Iglesia estaba demasiado corrompida y que la reforma estaba fuera de lugar. En su opinión, la única solución era la separación completa de la Iglesia anglicana. La otra facción creía que era posible una reorganización interna de la Iglesia. Tales actitudes planteaban una importante adversidad entre los puritanos. En concreto, era imposible separar la Iglesia del Estado en Inglaterra porque ese acto se consideraría alta traición. Su única opción era abandonar su país de origen.

En 1628, John Endecott y un grupo de unas 400 personas y 200 cabezas de ganado se embarcaron hacia Nueva Inglaterra. En aquella época, era uno de los viajes de ultramar con mayor participación. A su llegada, John Endecott y otros líderes fundaron el asentamiento de Naumkeag, que más tarde pasaría a llamarse Salem. John Endecott fue elegido extraoficialmente como el primer gobernador de la recién formada colonia. Se convertiría en el gobernador que más tiempo ocupó la colonia de la bahía de Massachusetts, sirviendo un total de dieciséis años.

La colonia de la bahía de Massachusetts fue una de las primeras colonias inglesas fundadas en Norteamérica. Para fundar formalmente la colonia, sin embargo, se necesitaba una carta. En 1629, el rey Carlos I concedió la carta a la Compañía de la Bahía de Massachusetts, autorizando a la compañía a colonizar y comerciar. Es más que probable que Carlos no se diera cuenta de que esta colonia albergaría emigrantes puritanos; más bien, el rey Carlos I pretendía formar una compañía controlada por los ingleses en el Nuevo

Mundo. Sin embargo, con el tiempo, todos los negocios estarían en manos de los colonos.

Otra oleada de colonos no tardó en asentarse en la misma zona. En 1630 llegó a la región un grupo de unas 700 personas en 11 barcos. Debido a la afluencia de colonos, se fundaron nuevas ciudades. En septiembre de 1630 se estableció Boston, que se convertiría en una de las ciudades más importantes de la Norteamérica colonial debido a las personas que la poblaron y a las ideas que surgieron de ella. La mayoría de estos primeros inmigrantes se dedicaban a la agricultura, mientras que otros eran trabajadores ordinarios; estas personas representaban alrededor del 95% de la población. El 5 por ciento restante eran accionistas, que dirigían la colonia y los asuntos de la iglesia. Los fundadores de las colonias eran hombres cuyas creencias eran contrarias a las enseñanzas de la Iglesia de Inglaterra. Eran los seguidores del movimiento reformista que estalló en toda Europa durante el siglo XVII.

Para entender correctamente el panorama religioso, hay que remontarse al siglo XVI, cuando se produjo un descontento general en la Iglesia de Inglaterra. La injerencia del papa en las relaciones eclesiásticas despertó un gran descontento entre muchos habitantes. La influencia de los filósofos y pensadores protestantes, que abogaban por vivir según el ejemplo de Jesucristo, empezaba a calar en la sociedad. Además, un gran número de personas protestaba contra el enriquecimiento del clero. La venta de indulgencias, que era una forma de reducir el castigo por los pecados, enfurecía al pueblo y traía aún más descontento. Algunos reformistas consideraban que la separación del Vaticano no era suficiente y creían que la Iglesia de Inglaterra, la religión prominente en Inglaterra, necesitaba una limpieza de todo rastro de catolicismo. Este amplio grupo de personas con ideas afines se denominó "puritanos".

Una de las principales nociones del puritanismo era la teoría de la predestinación, una perspectiva tomada del calvinismo. Esta doctrina cuestiona la idea del libre albedrío al afirmar que el destino de una persona se decide al nacer. Los puritanos también creían que todos los seguidores del protestantismo tenían más posibilidades de salvación y que disfrutarían del paraíso en la otra vida. El dogma puritano no exigía tolerancia hacia otras religiones. Las enseñanzas religiosas puritanas indicaban que se creía que todas las personas nacían innatamente malvadas y pecadoras, por lo que era necesario vivir de acuerdo con unas creencias estrictas para limpiar la propia naturaleza pecaminosa y evitar el infierno eterno.

Los primeros colonos de la colonia de la bahía de Massachusetts procedían en su mayoría de familias de clase media de Inglaterra. En la mayoría de los casos, familias completas se trasladaron. Las familias puritanas emigraron a Norteamérica desde todos los rincones de Inglaterra, aunque la mayoría de los colonos procedían del este y el sur de Inglaterra. Un entorno saludable y unas condiciones de vida favorables fueron, además de las migraciones, elementos enormes que dieron lugar al crecimiento de la población. Las condiciones económicas estables propiciaron un mayor número de matrimonios y, en consecuencia, una mayor descendencia.

Las etapas iniciales del asentamiento del Nuevo Mundo trajeron consigo muchas tentaciones y tribulaciones, por lo que era importante contar con un liderazgo fuerte. En la colonia de la bahía de Massachusetts, la idea de la organización política se materializó por primera vez a mediados de la década de 1630, dando lugar a una asamblea elegida y a un tribunal municipal. La asamblea estaba formada por representantes de cada ciudad de la colonia, y la votación era un lujo, ya que solo podían votar los hombres adultos. El gobernador y los representantes del tribunal municipal eran elegidos cada año.

Uno de los personajes más destacados y políticamente significativos de aquella época fue John Winthrop. Nació en Edwardstone, situado en Suffolk, Inglaterra, en 1588 en el seno de una familia acomodada. Su abuelo era un hombre adinerado que hizo su fortuna con la producción de textiles. Winthrop pasó la mayor parte de su juventud trabajando en una granja de Suffolk. Era un hombre de estrictas creencias puritanas, que se esforzaba por incorporar las prácticas bíblicas en todos los aspectos de su vida. Winthrop asistió al Trinity College para estudiar derecho y, en 1628, había progresado bastante en su carrera, habiendo obtenido varios puestos importantes. Debido a sus creencias religiosas, con el tiempo Winthrop perdió cada vez más la fe en su país de origen. Las cosas empeoraron en Inglaterra con la llegada al poder de Carlos I en la década de 1620. Los puritanos estaban mucho más cerca del Parlamento inglés en términos de actividad política. Pero en el momento en que el rey disolvió el Parlamento, surgió un gran problema para los puritanos. Los puritanos consideraban al rey como un dictador y trataron de abandonar el país. Como la situación se complicaba cada vez más, los puritanos decidieron abandonar Inglaterra definitivamente y dirigirse al Nuevo Mundo.

Antes de llegar a Norteamérica, Winthrop fue nombrado gobernador de la colonia de la bahía de Massachusetts por la Compañía de la Bahía de Massachusetts en 1629. Desembarcaría unos meses más tarde, en junio de 1630, asumiendo la gobernación de John Endecott. Winthrop tenía un don natural para la política y la gestión, y dirigió con éxito la recién creada colonia inglesa. Para Winthrop, ir a Norteamérica no era una huida, sino una forma de cumplir la voluntad de Dios y de organizar "adecuadamente" la Iglesia de Inglaterra en un nuevo territorio. Tras convertirse en gobernador, organizó varias expediciones que trajeron emigrantes puritanos de Inglaterra.

Winthrop señaló a su pueblo que su éxito se basaba únicamente en el respeto y el aprecio mutuos. Detestaba el consumismo y señalaba que la gente solo debía gastar lo que necesitaba y dejar el resto para los demás. Alentó la gentileza, la paciencia y la comprensión mutua en la comunidad puritana.

La misión de Winthrop era esencialmente crear una "sociedad perfecta". Sin embargo, los primeros años en el Nuevo Mundo no fueron fáciles. El cansancio era evidente en los rostros de la gente. Muchos decidieron abandonar y regresar a Inglaterra. Aunque la situación era excepcionalmente difícil, Winthrop no renunció a su objetivo. Trabajó duro para preparar a los colonos para el próximo invierno. A pesar de las dificultades a las que se enfrentó, nunca se arrepintió de dejar Inglaterra, como demuestra la carta que envió a su esposa, Margaret, que se había quedado con el resto de su familia. En la carta, Winthrop señala: "Doy gracias a Dios, me gusta tanto estar aquí, que no me arrepiento de haber venido: y si volviera a venir, no habría alterado mi rumbo, aunque hubiera previsto todas estas aflicciones: Nunca me ha ido mejor en mi vida, nunca he dormido mejor, nunca he estado más contento de espíritu".

El primer año trajo consigo dificultades extremas; el invierno fue largo y duro, y como los colonos llegaron tarde, no lograron sembrar suficientes cosechas. Como resultado, la escasez de alimentos era inevitable. En tales circunstancias, se produjo un fuerte aumento de los precios de los alimentos. Unos 200 colonos murieron durante el invierno debido a las difíciles circunstancias, y a principios de la primavera, unos 80 abandonaron la colonia de la bahía de Massachusetts y regresaron a casa.

Una vez pasado el invierno, Winthrop se puso a trabajar. Su amplia formación fue de gran importancia para la formación del gobierno de la colonia. Se formaron varias instituciones vitales para la organización general de la recién creada colonia. Winthrop se rodeó de colaboradores de calidad para resolver la situación lo antes posible. A menudo fue capaz de calmar las tensiones entre los colonos utilizando sus habilidades sociales, lo que le permitió mantener la armonía en toda la colonia. John Winthrop fue elegido doce veces gobernador de la colonia de la bahía de Massachusetts. Se comprometió plenamente con el desarrollo de la colonia hasta su muerte el 26 de marzo de 1649.

La colonia de la bahía de Massachusetts existía y funcionaba como una sociedad anónima; es decir, las elecciones de las figuras de autoridad funcionaban según el principio de que solo los hombres con suficiente capital o acciones podían elegir a otros hombres para los cargos. El nombre "Massachusetts" proviene de la tribu que habitaba la zona antes de la llegada de los ingleses: los massachusetts. Esta tribu nativa estaba casi extinguida cuando los ingleses se instalaron definitivamente en la zona. Durante las grandes pandemias de 1616 y 1619, la tribu se vio gravemente afectada por enfermedades infecciosas. Se cree que la tribu contaba inicialmente con 4.000 miembros, y su número se redujo a unos 500 en la década de 1620.

Los asentamientos formados en la costa de Nueva Inglaterra tenían un gran potencial de expansión, lo que fue una de las razones por las que se produjeron migraciones masivas a esta zona. La rápida expansión fue posible gracias a su favorable posición geográfica. Las colonias de Nueva Inglaterra se diferenciaban de otras por la homogeneidad de la población. En concreto, con el tiempo, la zona estaría habitada casi en su totalidad solo por ingleses. La población de Nueva Inglaterra se dedicaba a diversas actividades, como la pesca, el comercio y la agricultura. Los que se dedicaban a la producción manufacturera constituían el estrato más acomodado de la sociedad. La gente producía de todo, incluyendo alimentos, ropa, zapatos e incluso muebles.

La zona fluvial de Nueva Inglaterra era ideal para el desarrollo del comercio. Durante siglos, la colonia sería una ruta ineludible para los barcos mercantes. Como las carreteras eran casi inexistentes, el comercio se realizaba principalmente por mar. El número de barcos en Nueva Inglaterra creció continuamente a lo largo de los años, y la principal materia prima que se explotaba era el pescado. Muchos de estos barcos fueron construidos por los propios pescadores, y la colonia de la bahía de Massachusetts se convirtió con el tiempo en un astillero muy importante.

En las colonias de Nueva Inglaterra, la religión y la educación ocupaban un lugar especial. Los puritanos consideraban al pastor como un líder intelectual y religioso. La clase religiosa estaba compuesta por líderes voluntariosos y con criterio. Eran personas "calzadas" por el conocimiento y que reunían todas las características que debía poseer un verdadero líder. El crimen y la pobreza en las colonias de Nueva Inglaterra eran un hecho mucho más raro en comparación con otras colonias inglesas. Esto fue el resultado de líderes organizados y capaces.

El hecho de que la esperanza de vida de los puritanos que vivían en el Nuevo Mundo llegara a ser significativamente mayor que la de sus asociados en Inglaterra también dice mucho sobre la calidad de vida. Se debe señalar que esto llevó tiempo; al principio, los puritanos lucharon por sobrevivir. Una frase interesante señala que los puritanos inventaron a los abuelos. Por supuesto, no inventaron a los abuelos, pero dada su longevidad, muchos tuvieron la suerte de experimentar la vida con los hijos de sus hijos. Los índices de educación y alfabetización en las colonias de Nueva Inglaterra eran inmensamente altos. La escolarización era una obligación impuesta por la ley, y cada asentamiento de más de cincuenta personas tenía que tener una escuela financiada directamente por el sistema de impuestos. Todos los puritanos querían tener un hijo que supiera leer la Biblia, lo cual era una de las razones de la alta tasa de alfabetización de los colonos.

Al final, el aumento del nivel de vida y la impregnación del lujo en la vida cotidiana no beneficiaron a la sofisticación del pueblo, ya que seguían prevaleciendo las estrictas normas religiosas. Asistir a los sermones de la iglesia seguía siendo la obligación de todo puritano, y eludir estas obligaciones suponía un castigo económico. Durante los ritos de la iglesia, un sacerdote con un bastón de madera patrullaba la congregación. En un extremo colgaban plumas, que hacían cosquillas en la barbilla de los hombres mayores que dormían; en el otro extremo había una bola de madera, que servía de castigo para los niños que se reían o estaban inquietos durante el sermón.

Ya se ha mencionado que Winthrop trabajó intensamente para asentar la colonia y formar instituciones que organizaran mejor el nuevo espacio vital. Estas instituciones estaban impregnadas de elementos religiosos, y además de la iglesia y el gobernador, se creó un importante órgano administrativo de la colonia: el Tribunal de Asistentes. Esta institución se encargaba de administrar la justicia en la colonia. El código penal de la colonia no estaba claramente definido, por lo que las personas que ocupaban el cargo hacían valoraciones sobre cómo aplicar los castigos. En casi todos los procesos judiciales se utilizaban directrices bíblicas. En algunos casos, se requería la intervención del clero si el tribunal tenía un caso más exigente. A veces, el descontento de la población aumentaba, ya que toda la toma de decisiones estaba en manos de unas pocas personas. Con el tiempo, los colonos recibirían leyes escritas, que seguían estando casi totalmente impregnadas de elementos religiosos. El código que finalmente se redactó se denominó "Cuerpo de Libertad", e incluía un centenar de leyes civiles y penales. Las leyes civiles de las colonias de Nueva Inglaterra eran considerablemente más avanzadas que las de Inglaterra. En cuanto a las leyes penales, a pesar de mostrar más crueldad, eran más indulgentes que las de Inglaterra. Sin embargo, todas las normas legales se basaban únicamente en la Biblia.

Los puritanos no pudieron construir casas de madera a su llegada, por lo que habitaron viviendas cubiertas de arcilla y musgo con pisos de tierra. Esta forma de construcción de viviendas no era una innovación, sino que era característica de Escandinavia y de la Alemania medieval. Las únicas viviendas de madera en estos primeros asentamientos coloniales eran edificios formados para protegerse de posibles ataques de los nativos americanos. Años después de las primeras migraciones, se construirían las primeras casas de madera.

Estas casas no habrían sido ostentosas, ya que eso iba en contra de sus creencias. Esto también se puede ver en la ropa que llevaban. El cuero era uno de los materiales básicos con los que se confeccionaba la ropa. Los trabajadores y los sirvientes se vestían con prendas que, en su mayoría, eran de piel de ciervo. Los calcetines estaban hechos de varios materiales y casi todos los zapatos tenían exclusivamente suelas de madera. Los sombreros eran modernos y populares, y los guantes de cuero eran una prenda casi indispensable. A medida que la población se enriquecía y aumentaban las importaciones y exportaciones de bienes en los almacenes de Boston, también lo hacía la ropa hecha con diversos materiales importados de Inglaterra. La influencia de la ropa moderna entre los colonos puritanos hizo que se prohibieran los encajes de seda, la plata y el oro. Estas normas de moda impuestas desde la madre patria eran difíciles de controlar. Así, muchos colonos fueron llevados a los tribunales por desobedecer estas leyes. El encaje, las mangas cortas, las medias cortas y las prendas que revelaban partes del cuerpo estaban estrictamente prohibidas.

Las diversiones innecesarias estaban prohibidas en la colonia de la bahía de Massachusetts, ya que todos debían centrarse en la comunidad. Como los puritanos eran devotos de las estrictas reglas bíblicas, se aseguraban de que sus hijos las siguieran, instruyéndolos desde pequeños sobre las creencias y reglas que debían seguir para vivir una buena vida. Los puritanos seguían la Biblia casi literalmente. Hubo incluso casos de ejecuciones de niños si el niño golpeaba a uno de sus padres.

La sociedad puritana era estrictamente patriarcal, lo que es más evidente en el trato que daban a las mujeres y a los niños. A las mujeres se les permitía asistir a las ceremonias religiosas de la iglesia, pero se les prohibía participar en política, ya fuera relacionada con la iglesia o con el gobierno. Aquellos que se "desviaban" del camino de

Dios eran castigados severamente, y los miembros de otras religiones solían ser ahorcados en el Boston Common. Por lo tanto, la tolerancia religiosa no existía, y aquellos puritanos que huyeron de Europa debido a la persecución religiosa, irónicamente apoyaron estas prácticas. Todos aquellos que se desviaban de los dogmas religiosos de los puritanos eran llamados inconformistas o disidentes, y los castigos eran extremadamente brutales. Además de la horca, se aplicaban otras formas de castigo, como la flagelación y el encarcelamiento. Por ejemplo, los adúlteros de la comunidad eran castigados severamente, y a menudo eran sometidos a un linchamiento público. A finales del siglo XVII se celebraron varios juicios contra personas acusadas de brujería. Durante esta época, los puritanos condenaron no solo a las mujeres, sino también a los hombres. Los puritanos solían recurrir a lapidaciones públicas de personas acusadas de brujería.

Capítulo 4 - Los acontecimientos que desencadenaron la guerra Pequot

La tribu Pequot había desarrollado fuertes lazos comerciales con los colonos holandeses, ya que el área alrededor del río Connecticut (actual río Támesis) era un centro de comercio. Cerca de la tribu Pequot vivían sus mayores rivales: la tribu Narragansett. La rivalidad estaba presente en varias áreas, pero era principalmente una rivalidad comercial o económica. Aunque los holandeses comerciaban con varias tribus indígenas, los pequot reclamaban el derecho a las relaciones comerciales con los europeos, ya que eran la tribu más poderosa de la zona.

Los holandeses, que empezaron a establecerse en Norteamérica en la década de 1610, controlaban el río Hudson, que era su bastión más importante. El artículo más popular para el comercio entre la población holandesa era el cuero, principalmente de castor, que se utilizaba sobre todo para hacer sombreros. Por otra parte, los pequot exigían a los holandeses objetos de metal, como teteras, hebillas y anzuelos, que los nativos americanos extraían y afilaban como flechas. Los pequot también fabricaban amuletos y diferentes joyas con estos objetos metálicos. Los nativos americanos, especialmente los pequot, fueron un factor esencial en lo que respecta al comercio, sentando las bases de la formidable guerra económica que se avecinaba. Los ingleses creían que los pequot eran perjudiciales para el comercio, concretamente porque los ingleses pretendían apropiarse del negocio.

Esta actitud se hizo más frecuente a medida que los ingleses comenzaron a colonizar Nueva Inglaterra con mayor intensidad. Pero incluso antes del establecimiento de colonias como la de la bahía de Massachusetts o la de Connecticut, los ingleses estaban en competencia geopolítica con España. El famoso geógrafo británico Richard Hakluyt escribió ya en 1584 que la colonización de América debía ser una de las principales prioridades de Inglaterra. Creía que era la única manera de evitar que los españoles se asentaran en todo el continente. Y los ingleses actuaron en consecuencia estableciendo por primera vez una colonia en la isla de Roanoke, situada frente a la costa de Carolina del Norte, en 1585. Aunque esta colonia no tuvo éxito, pronto se estableció la primera colonia inglesa permanente, Jamestown, en 1607. A partir de entonces, la colonización inglesa de América se intensificó, y el número de emigrantes ingleses creció de forma constante año tras año.

El rey Jacobo I trató de intensificar la colonización inglesa de América. En 1606, el Parlamento inglés fundó la Compañía de Plymouth para ayudar a colonizar América. Con el tiempo, Inglaterra establecería su dominio sobre América del Norte, mientras que España dirigía sus esfuerzos de colonización a América del Sur. El establecimiento de las colonias inglesas supuso una lucha por la supremacía comercial de América del Norte. Pronto, con su influencia, el imperio colonial británico desalojaría por completo a los holandeses de Nueva Inglaterra. El número de colonos británicos creció tanto con el tiempo que sus acciones empezaron a amenazar la principal guarnición comercial holandesa, llamada Casa de la Esperanza o fuerte Good Hope, construida en 1633. Se construyeron varias casas junto a la guarnición y se instalaron dos cañones en el puesto de control, que proporcionaron seguridad adicional. Un pequeño número de soldados permaneció en las instalaciones comerciales recién construidas, asegurando las mercancías del puesto de control. De este modo, los holandeses oficializaron su presencia en la zona de Connecticut.

Jacob van Curler, representante de la Compañía Holandesa de las Indias Occidentales, fue el encargado de obtener el terreno para el fuerte Good Hope. La compró a los sequin, una tribu que habitaba en Connecticut. Aunque la adquisición pacífica de tierras tuvo lugar varias veces en la historia de Norteamérica, la creencia europea predominante era que la tierra les pertenecía a ellos, no a los nativos, y a menudo, la tierra se adquiría mediante métodos más violentos. Además, al comprar tierras, los europeos solían utilizar el alcohol en las negociaciones para honrar a los nativos americanos en un intento de reducir el precio de la tierra.

Parte de esta violencia provenía del hecho de que los europeos, especialmente los ingleses, consideraban a los nativos americanos como salvajes que debían ser civilizados. En los textos de los capitanes John Mason y Underhill, principales protagonistas de la guerra Pequot, abundan los calificativos despectivos. A través del prisma de la religión, llaman a los pequot bárbaros y salvajes. John Underhill escribió sobre los pequot antes de ir a la guerra, diciendo que el propio Dios quería castigar a los pequot por sus pecados. Underhill se refiere a menudo a la religión en sus textos y cita pasajes bíblicos para justificar las acciones de los colonos ingleses. La propia Iglesia apoyaba la colonización, haciendo hincapié en que todo ser debía sentir la "gracia de Cristo", es decir, ser salvado del infierno.

Con el paso del tiempo, filósofos y pensadores criticaron tales creencias, aunque se debe señalar que este tipo de punto de vista no era frecuente entre la gente de la época. Denis Diderot, que estuvo activo más de cien años después de la guerra Pequot, destaca como uno de los hombres que abogó por un mejor trato a los nativos. Diderot señalaba que los europeos eran los incivilizados. Creía que la cultura impone la moral y refuerza las normas de respeto. Sin embargo, en el ejemplo de la colonización europea de las Américas, Diderot afirma que estas normas no estaban presentes porque el individuo estaba muy lejos de su país de origen. El filósofo francés afirma además que las colonias americanas se convirtieron en lugares de enfrentamientos brutales, principalmente porque los colonos estaban muy lejos de sus países de origen y no se encontraban dentro del radio de las instituciones legales organizadas y firmemente establecidas. De este modo, se debilitó el hábito de refrenar los instintos de violencia.

Sin embargo, al principio, las interacciones entre los colonos y los nativos americanos eran bastante pacíficas. Con la formación de las colonias en Nueva Inglaterra, los británicos entraron en contacto con los pequot y los narragansett. La tribu Narragansett fue la primera de las dos en entablar relaciones comerciales con los ingleses. En 1632, enviaron sus delegados a los ingleses, quienes expresaron su deseo de establecer relaciones comerciales con sus nuevos vecinos, la colonia de la bahía de Massachusetts. Al principio, los pequot no estaban muy interesados en cooperar intensamente con los ingleses. Ese mismo año (1632), propusieron a los holandeses que establecieran nuevos puntos de comercio en el río Connecticut para intensificar su cooperación comercial, principalmente el punto de comercio "Good Hope". Esta propuesta llegó a las personas prominentes de la colonia de Plymouth, que pensaron que esta medida podría poner en peligro sus intereses comerciales en la zona. Los ingleses, por tanto, trataron de formar su propio punto de comercio al norte del holandés, devaluando así la importancia del punto de comercio holandés. Los líderes de la colonia de Plymouth presentaron su plan a los habitantes de la colonia de la bahía de Massachusetts, así como a otras colonias más pequeñas de Nueva Inglaterra. Sin embargo, el primer gobernador de la colonia de la bahía de Massachusetts, John Winthrop, rechazó el plan, señalando que no querían interferir en estos asuntos. Sin embargo, Winthrop mintió al decir esto, pues pronto envió exploradores a reconocer ese territorio, con John

Oldham al frente de la misión. La razón por la que Winthrop se negó a cooperar fue que no quería compartir los beneficios con otros. Tras regresar de su breve misión, Oldham trajo grandes noticias a su gobernador, señalando que era una zona vibrante y un excelente lugar para el comercio. Plymouth, mientras tanto, estaba formando su propia base comercial, ignorando el posible peligro de los holandeses.

Durante este tiempo, los pequot continuaron su cooperación con los holandeses, pero no fueron la única tribu que lo hizo. Otras tribus más pequeñas habitaban el mismo territorio y también trataban con los colonos europeos. Los pequot los consideraban competencia y, en una ocasión, liquidaron a varios miembros de una tribu rival después de que estos ignoraran la advertencia de los pequot de dejar de comerciar con los holandeses. Los holandeses no apreciaron este acto. Jacob Elkins, que dirigía el comercio holandés en el Nuevo Mundo, se puso furioso, ya que mantenía buenas relaciones comerciales con otras comunidades tribales, y con esta medida, los pequot amenazaron su comercio con los holandeses.

En 1632, los holandeses capturaron al sachem de los pequot, Tatobem. Como era de esperar, estos acontecimientos interrumpieron por completo el comercio entre los holandeses y la tribu Pequot. Para la liberación de Tatobem, los holandeses exigieron un gran rescate, y los pequot reunieron una gran cantidad de wampum para pagarlo. Sin embargo, después de que los pequot pagaran el rescate, los holandeses igual mataron a Tatobem. Los pequot se enfurecieron por esto y dijeron que buscarían venganza por el asesinato.

Los pequot, con la intención de vengar a su tribu, atacaron un barco mercante europeo, matando a los miembros de la tripulación y al capitán del barco, John Stone, el 8 de agosto de 1634. Sin embargo, John Stone no era holandés, sino inglés. Stone era un mercader que comerciaba con mercancías de diversas partes del mundo, como la India, Gran Bretaña y América. Sin embargo, en ese momento, nadie se preocupó realmente de su muerte. El comportamiento de Stone había dañado su reputación durante mucho tiempo, ya que llevaba una vida extremadamente azarosa. El alcohol, la blasfemia y la violencia fueron los pilares de su vida, hasta el punto de que los gobernadores de las colonias inglesas no querían relacionarse con él. Los holandeses incluso rechazaron a Stone como posible socio comercial. Unos meses antes de su muerte, Stone fue acusado de intento de piratería en Manhattan, pero logró escapar de una muerte segura. Después de eso, Stone actuó como un comerciante libre.

Existen varias versiones de lo que le ocurrió a Stone en aquel accidentado día de agosto. La primera versión dice que Stone navegó con una tripulación hasta una aldea de nativos americanos. Tras beber alcohol, la tripulación se puso muy violenta, por lo que los nativos americanos los mataron. Otra versión señala que los pequot mataron a Stone por error, pensando que era un colono holandés.

En los meses siguientes, empezaron a surgir graves problemas para los pequot. Poco después, la tribu Narragansett declaró la guerra a los pequot. Sus agrias relaciones se debían principalmente a la rivalidad comercial entre las dos tribus. La tribu Mohegan también se unió a la alianza de guerra contra los pequot. En estas circunstancias, los pequot salieron en busca de aliados.

En ese momento, el líder de la tribu Pequot era Sassacus, el hijo del líder tribal asesinado Tatobem. Sassacus decidió buscar aliados en la colonia de la bahía de Massachusetts. En octubre de 1634, envió una delegación a la sede de la colonia de la bahía de Massachusetts para establecer lazos comerciales y de amistad con los ingleses. Los ingleses aceptaron esta rama de olivo, pero solo con la condición de que los asesinos del capitán John Stone fueran arrestados para poder juzgarlos. Los delegados pequot informaron a los ingleses de que la violenta muerte del capitán Stone era una represalia por el secuestro de varios miembros de su tribu, ya que, al parecer, Stone había exigido que los prisioneros fueran sus guías en el río Connecticut. Otro problema surgió cuando los líderes ingleses de Boston exigieron más wampum del que les habían ofrecido los pequot. Algunas fuentes afirman incluso que los puritanos pidieron a los pequot que comerciaran exclusivamente con ellos. Los delegados pequot informaron a los ingleses de que, antes de finalizar el tratado, querían que los ingleses se reunieran con Sassacus. Sin embargo, algunas fuentes afirman que los delegados pequot llegaron a un acuerdo verbal con los ingleses, aunque no existen pruebas escritas de que esto ocurriera realmente. Lo único que podemos asegurar es que los ingleses actuaron como mediadores de paz entre los narragansett y los pequot, restableciendo la paz durante un breve periodo de tiempo. Tras este acuerdo, los ingleses establecieron tres ciudades comerciales en el río Connecticut, que era uno de los principales puntos de comercio de la región.

Poco después de la construcción de estas ciudades, el líder de los mohegan informó a los ingleses de que los pequot tenían la intención de atacar las nuevas ciudades inglesas en el río Connecticut. La advertencia fue tomada en serio en Boston, la capital de la colonia de la bahía de Massachusetts. Los ingleses no tardaron en organizar una nueva reunión con los delegados pequot, repitiendo las mismas exigencias que antes, con especial énfasis en la obtención de los asesinos del capitán John Stone. La reunión no salió como se esperaba, y la situación continuó en espiral.

Tras la reunión, los ingleses decidieron que ya no existía la posibilidad de ninguna negociación con los pequot. Apenas unos días después, el 20 de julio de 1636, John Oldham, una importante figura de la colonia de la bahía de Massachusetts, fue asesinado por los nativos americanos. Lo que enfureció aún más a los colonos fue que el cuerpo de John Oldham fue encontrado completamente desnudo. Interpretaron este acto como un ataque al catolicismo. El capitán inglés John Mason escribió extensamente sobre los acontecimientos de la guerra Pequot. En sus notas, señaló que los pequot eran una tribu bárbara y que este no habría sido el primer asesinato de colonos ingleses por parte de ellos.

Los ingleses se enteraron del asesinato de John Oldham a través de los delegados narragansett. Aunque los narragansett admitieron que algunos de sus hombres estuvieron involucrados en el asesinato, afirmaron que los pequot habían organizado toda la operación. Los detalles proporcionados por los delegados de los narragansett eran probablemente una mentira, y hasta el día de hoy, nadie está seguro de quién debía ser considerado responsable de la muerte de Oldham. Lo más probable es que Oldham fuera asesinado por miembros de la tribu Narragansett, ya que su antigua rivalidad por el comercio con los pequot, en ocasiones, tenía como objetivo a los colonos que comerciaban con el enemigo.

El asesinato de John Oldham fue probablemente el punto de inflexión. Aunque John Oldham tenía algunos desacuerdos con las autoridades de las colonias inglesas, era un miembro muy importante de la comunidad. Desempeñaba un papel importante en el comercio, y las colonias de Plymouth y Massachusetts confiaban en sus servicios. Oldham transportaba mercancías de gran valor, como el maíz, que era una de las materias primas más importantes del Nuevo Mundo. También trabajó con los nativos americanos, con los que entró en contacto por primera vez hacia 1633. Su muerte despertó la preocupación de los colonos. No solo era Oldham su contacto con otros ingleses de la zona, sino que creían que este tipo de brutalidad podía ocurrirle a cualquiera, incluso a sus propias familias.

Aunque su asesinato sigue siendo en gran medida un misterio, existen algunos relatos que ayudan a reconstruir parte del rompecabezas. John Gallop, un comerciante de Boston, descubrió el barco en el que yacía el cuerpo de John Oldham. Al acercarse al barco de Oldham, Gallop vio un gran número de nativos americanos en la cubierta. En ese momento, se apresuró a llegar al barco lo antes posible porque enseguida sospechó que algo iba mal. Cuando los nativos americanos le vieron, entraron en pánico y comenzaron a huir del barco. Varios nativos fueron atrapados y dominados por la tripulación de Gallop. Al registrar el barco de John Oldham, la tripulación de Gallop encontró el cuerpo mutilado del desafortunado mercader. Gallop, muy enfurecido y temiendo una inminente rebelión en su propio barco, ató a algunos de los prisioneros y los arrojó por la borda. Gallop se dirigió primero a Fort Saybrook para difundir la noticia de la muerte del mercader inglés e inmediatamente después navegó a Boston, donde presentó un informe detallado sobre la muerte de su colega. El narragansett capturado dijo que miembros de la tribu Narragansett y sus aliados estaban detrás del asesinato de Oldham. John Winthrop llegó a la conclusión de que Oldham había sido asesinado por encontrarse en el centro de la agitación entre las tribus.

Existe otra versión de la muerte de Oldham, en la que el asesinato fue resultado de una disputa transaccional entre Oldham y las tribus con las que colaboraba. La tercera versión, mencionada anteriormente y que es la menos plausible, fue la expuesta por los narragansett, de cómo los pequot mataron a Oldham. Winthrop también afirmó que la mayoría de las pruebas apuntaban a los nativos que vivían en Block Island. La pequeña tribu que habitaba en Block Island tenía estrechos vínculos con las tribus Narragansett y Niantic Oriental.

Existen muchas pruebas que apuntan a la culpabilidad de los narragansett, pero los británicos optaron por escuchar su versión de los hechos. A decir verdad, los británicos no podían permitirse librar una guerra tanto a los pequot como a los narragansett. En cambio, decidieron luchara contra la tribu más fuerte, la que controlaba territorios más extensos y tenía más riqueza. Además, los británicos debían tener en cuenta que los pequot eran responsables de la muerte de varios miembros de tribus rivales que comerciaban con los holandeses, por lo que no se podía descartar del todo la posibilidad de que fueran los culpables del mercader asesinado. Por otro lado, los británicos aún tenían bastante fresco el recuerdo del asesinato de John Stone. Aunque Stone no fuera muy querido por la comunidad, su muerte podría haber sido utilizada como un impulso adicional para la guerra. Así, los colonos británicos decidieron lanzar una expedición de castigo contra los pequot.

Aunque los ingleses se aliaron más tarde con otras tribus nativas para luchar contra los pequot, al principio atacaron a cualquiera que pudieran atrapar. El primer movimiento de los ingleses fue una expedición a Block Island. John Endecott fue puesto al mando de noventa hombres, y su objetivo era castigar a los asesinos de John Oldham. Muchos de los soldados dirigidos por Endecott (alrededor del 40%) eran combatientes experimentados que habían luchado en suelo europeo. Fuentes históricas mencionan al propio capitán John Endecott como un soldado experimentado con un valor excepcional. Se dice que era un puritano inflexible que mostraba una intensa intolerancia hacia los católicos romanos.

John Underhill, un capitán inglés de la guerra Pequot, elaboró varios informes sobre este acontecimiento. Sus textos representan el material más extenso sobre el ataque a Block Island, y además fue uno de los comandantes de esa operación. Underhill señala que el esfuerzo por acceder a la parte continental de Block Island fue inicialmente imposible. Tras darse cuenta de que los ingleses se acercaban a la costa, los nativos americanos lanzaron muchas flechas a los colonos. Underhill también afirma que los nativos americanos dispararon armas de fuego, y que algunos de los disparos alcanzaron a los soldados. Un grupo de unos cincuenta guerreros manissean ofreció una violenta resistencia a los ingleses, pero su resistencia fue en vano. Los colonos ingleses no tardaron en reorganizarse y los nativos americanos comenzaron a huir. La mayoría de los nativos pudieron huir, y los ingleses tampoco sufrieron muchos daños.

Durante esta expedición punitiva, los ingleses prendieron fuego a varias aldeas y maizales de la isla para enviar un fuerte mensaje a los nativos americanos. Esta acción supuso un duro golpe para los nativos de la isla, ya que los ingleses destruyeron grandes cantidades de sus suministros de alimentos y quemaron sus cultivos.

La siguiente parada de esta expedición punitiva fue el territorio bajo control de los pequot. Los pequot eran ajenos a las operaciones inglesas en Block Island, por lo que recibieron a los ingleses calurosamente desde la orilla. Después de que los colonos no respondieran a sus saludos, los pequot enviaron a uno de sus ancianos en canoa para hablar con los ingleses. Las demandas de los colonos fueron exigentes. En primer lugar, volvieron a insistir en que los pequot debían entregar a los asesinos del capitán John Stone. El líder de la tribu que remó para hablar con los ingleses señaló que los pequot no podían entregar a Sassacus, señalando que no tenía elección y que debía vengar la muerte de su padre. El líder tribal también expresó su pesar por la muerte de John Stone, reiterando una vez más que los pequot pensaban que era un colono holandés y no inglés.

Underhill señaló algunos detalles más durante las negociaciones entre Endecott y el anciano pequot. Señaló que los pequot retrasaron las negociaciones, lo que los ingleses interpretaron como una forma de ganar tiempo para que sus guerreros se organizaran. Además, se observó que ese día no había mujeres ni niños en la costa. A pesar de la calurosa bienvenida, este detalle despertó sospechas entre los puritanos, ya que los ingleses lo interpretaron como una voluntad de emprender una acción militar. Además, Sassacus no estaba presente ese día; el anciano de la tribu que habló con los colonos ingleses dijo que había ido a visitar a una de las tribus pequot vecinas. Endecott informó al anciano que si los pequot no cumplían las condiciones impuestas desde Boston, los ingleses tomarían a veinte niños pequot como rehenes. Tales condiciones serían difíciles de aceptar para cualquier tribu, especialmente para los pequot. La tribu había sido diezmada por las epidemias, y no podían aceptar reducir aún más su población entregando rehenes a los ingleses. Además, los ingleses exigían alguna compensación material a los pequot, ya que el pago de tributos a los ingleses crearía un sentimiento de sumisión entre los pequot, lo que, con suerte, ayudaría a garantizar su buen comportamiento en el futuro. Finalmente se permitió al anciano pequot regresar a la costa y hablar con los demás miembros de la tribu sobre lo que habían dicho los ingleses.

Según el relato de Underhill, los ingleses se fueron impacientando a medida que pasaba el tiempo. Muchos creían que los pequot se estaban preparando para la guerra, pues ya no se les veía en la costa. Finalmente, Endecott decidió atacar primero. El ataque no encontró una resistencia significativa, y aparte de la quema de casas y el saqueo de las cosechas, no ocurrió nada importante. Lion Gardiner, que era el capitán de Fort Saybrook, y sus hombres fueron los más activos durante esta campaña, ya que había hambruna entre su tropa en Saybrook. Una vez que los ingleses se dispersaron, los colonos de la zona de Connecticut y de Fort Saybrook tuvieron que pasar el invierno solos, sin apoyo de Boston. En otras palabras, quedaron a merced de los enfurecidos guerreros pequot. Después de este evento, la guerra Pequot comenzó oficialmente.

Capítulo 5 - Capacidades militares, organización y tácticas de los beligerantes

Para entender mejor el curso de la guerra Pequot, es vital conocer las capacidades militares de los puritanos y los pequot.

Los guerreros pequot tenían mucha experiencia en combate, ya que luchaban constantemente con otras tribus. Estos encuentros implicaban un enfrentamiento directo en el campo de batalla, lo que significa que no había mucho uso de tácticas. Los pequot confiaban principalmente en arcos y flechas, con el uso ocasional de armas de fuego. Algunos indicadores muestran que los pequot tenían docenas de rifles, pero rara vez los utilizaron durante la guerra Pequot. Según algunas informaciones, los pequot tenían algo más de 1.500 guerreros antes de que estallara la guerra Pequot. Esta información se basa en el número de guerreros que murieron al final de la guerra, que fue de unos 1.500. Es lógico suponer que no todos los guerreros murieron y que un pequeño número de ellos logró escapar.

Cuando estallaron las primeras batallas con los ingleses, los pequot tuvieron que cambiar por completo su enfoque de la guerra debido a las armaduras y armas de fuego de los europeos. Los pequot eran muy conscientes de que si lanzaban un ataque masivo, el resultado sería una completa catástrofe. Por ello, los pequot protagonizaron inicialmente pequeñas incursiones, que a menudo terminaban fatalmente para los ingleses. El entorno natural y el ambiente local permitían a los nativos camuflarse más fácilmente, lo que les permitía sorprender a los ingleses. Los pequot también conocían las desventajas de las armaduras europeas y, durante las batallas, solían apuntar a los puntos débiles, como el cuello, las piernas, la cabeza o los hombros.

La estructura de los ataques utilizados por los pequot en algunas situaciones es bastante interesante. En concreto, durante el ataque, varios guerreros disparaban flechas, tras lo cual se tiraban al suelo hacia atrás, dejando así espacio para que los arqueros de atrás pudieran disparar una nueva ronda de flechas. Las flechas utilizadas entonces tenían un alcance de unos treinta metros (unos noventa y ocho pies). En las puntas de las flechas, los pequot colocaban huesos afilados, garras de águila o cabezas metálicas de latón. Estas puntas de metal suponían la mayor amenaza para los soldados ingleses, por lo que estos trataron de obstaculizar el comercio holandés con los nativos desde el principio, ya que este era uno de los artículos con los que se comerciaba a menudo. Curiosamente, los pequot recibieron información de los holandeses sobre la forma de combatir de los europeos, como la importancia de las armaduras y las armas de fuego que utilizaban.

Los pequot sabían que los ingleses necesitaban tiempo para recargar sus mosquetes, por lo que intentaban aprovechar ese periodo para atacar. Como promedio, un soldado tardaba un minuto en hacer dos disparos, lo que suponía unos treinta segundos para recargar. Los soldados más experimentados podían hacer hasta tres disparos. Un soldado inglés podía acertar fácilmente a un objetivo en combate a una distancia de entre 50 y 75 metros (164 y 246 pies) en condiciones favorables. Durante los combates de la guerra Pequot, las tropas inglesas disparaban sobre todo al enemigo desde distancias cortas. Existen algunos indicios de que los pequot pidieron a los prisioneros ingleses que les enseñaran a fabricar pólvora, pero esta información no es del todo fiable.

El arco y la flecha pasaron a primer plano durante la guerra Pequot. Los pequot intentaban infligir daño a las tropas inglesas desde una distancia segura disparando desde más lejos. Ésta solía ser una distancia de entre 100 y 150 yardas (entre 91 y 137 metros). Los pequot también utilizaban otras armas, como garrotes de guerra, hachas, martillos y cuchillos, algunos de los cuales estaban hechos de piedra, hueso o hierro. Los pequot nunca utilizaron del todo las armas de fuego europeas, lo que les perjudicaba, ya que suponían un mayor peligro para los colonos. El principal obstáculo para el uso de armas europeas radica en el hecho de que los nativos no sabían cómo repararlas, ya que a menudo se estropeaban y eran poco fiables. La naturaleza de la guerra de los nativos americanos antes de la llegada de los europeos tampoco implicaba el uso de armaduras pesadas y protección, que los europeos practicaban ampliamente.

Los comandantes, conocidos como *pniese*, dirigían grupos más grandes de guerreros pequot. No eran sachems, pero estaban altamente considerados en la comunidad por sus conocimientos y habilidades. En 1623, Edward Winslow, que fue tres veces gobernador de la colonia de Plymouth, describió su experiencia durante un encuentro con uno de estos *pniese*.

"Los Pnieses son hombres de gran coraje y sabiduría, y a ellos también se les aparece el Diablo más familiarmente que a otros, y como concebimos hace pacto con ellos para preservarlos de la muerte, por medio de heridas, con flechas, cuchillos, hachas... sin embargo son conocidos por su coraje y audacia, por la razón de que uno de ellos perseguirá a casi cien hombres; porque consideran la muerte para quien se interponga en su camino. Son muy apreciados por toda clase de personas, y forman parte del Consejo de los Sachems, sin los cuales no combaten ni emprenden ningún asunto de peso. En la guerra, sus Sachems, para su mayor seguridad, van en medio de ellos. Suelen ser hombres de la mayor estatura y fuerza, y los que más aguantan la dureza, y sin embargo son más discretos, corteses y humanos en sus comportamientos que cualquiera de ellos, despreciando el robo, la mentira y los tratos bajos similares, y se mantienen en su reputación tanto como cualquier hombre".

Además, entre los nativos americanos se daban casos de resolución de conflictos por parte de dos combatientes de la tribu que luchaban entre sí. Para ello, se elegía a los guerreros que tenían fama de ser los mejores y más valientes de la tribu.

Tal situación fue presenciada por el colono inglés Thomas Morton, que emigró de Devon (Inglaterra) a Norteamérica. Morton describe esta lucha de la siguiente manera:

"Los dos campeones se preparan para la lucha, con sus arcos en la mano y un carcaj lleno de flechas a sus espaldas, entran en el campo, el retador y el retado han elegido dos árboles, situados a poca distancia el uno del otro, han echado suertes sobre el jefe de los árboles, entonces cualquiera de los campeones se coloca detrás de su árbol, y observa una ventaja para dejar volar sus flechas, y para fustigar a su enemigo. Luego continúan disparando el uno contra el otro, si por casualidad ven alguna parte abierta, se esfuerzan por irritar al combatiente en esa parte, y utilizan mucha agilidad en el desempeño de la tarea que tienen entre manos. Una vez que han comenzado a ejecutar su venganza, están decididos a hacerlo, y no se amedrentan, ni parecen encogerse, aunque atrapen una flecha, sino que luchan de esta manera hasta que uno u otro es asesinado".

Como se puede comprobar, los pequot tenían una de las fuerzas militares más respetadas de la zona de Nueva Inglaterra. Sin embargo, esto condujo parcialmente a su caída en la guerra. Los pequot subestimaron la forma europea de hacer la guerra, que consistía en observar a las fuerzas contrarias, organizar las tropas, utilizar las tácticas adecuadas y esperar pacientemente el momento oportuno para atacar. Estas técnicas eran habituales en los campos de batalla europeos, que los ingleses trasladaron a Norteamérica.

Aunque esto influyó en el resultado de la guerra, la principal razón de la derrota de los pequot fue la supremacía tecnológica de los europeos, es decir, su uso de mosquetes y armaduras. El mosquete apareció por primera vez en el siglo XVI y evolucionó con el tiempo. En el siglo XVII, el mosquete era el arma más utilizada. Había que encender una mecha, que encendía la pólvora y escupía un proyectil. Este proyectil podía ser un objeto metálico redondo o una piedra. Los mosquetes tenían un alcance de hasta 140 metros (unas 153 yardas), pero a mayor distancia eran inútiles. Era imposible utilizar los mosquetes cuando llovía, y los soldados sufrían a menudo accidentes por el mal funcionamiento de las armas. En cualquier caso, los mosquetes fueron uno de los factores que dieron el dominio a los ingleses en la guerra Pequot.

Los soldados coloniales también iban armados con pistolas, pero este tipo de arma de fuego no era muy popular en las operaciones militares de la época. Las razones son múltiples. Estas armas se utilizaban más a menudo para el combate cuerpo a cuerpo y no para las campañas militares que requerían disparos a larga distancia. Además, el alcance de las pistolas durante el siglo XVII era considerablemente menor que el del mosquete. Una pistola podía disparar un proyectil a una distancia de 35 metros (unas 38 yardas). Las pistolas estaban diseñadas para introducir dos balas a la vez y, al disparar, ambas eran expulsadas. Sin embargo, existe una similitud entre las pistolas y los rifles: el tipo de munición que utilizaban.

Durante los combates en el fuerte Mystic, no se hizo especial hincapié en el uso de armas de fuego, ya que el asentamiento estaba densamente poblado. Los combates se desarrollaron con demasiada rapidez y, durante los mismos, los ingleses utilizaron sobre todo espadas. El equipo obligatorio del soldado europeo durante el siglo XVII incluía no solo espadas, sino también cuchillos. Por lo tanto, el ejército colonial de Nueva Inglaterra disponía de una amplia gama de armas. Al hablar de armamento, se debe señalar que los soldados ingleses durante la guerra Pequot utilizaban, en cierta medida, hachas de guerra, que eran más propias del arsenal de los guerreros nativos.

Los colonos de Nueva Inglaterra trataron de crear una milicia fuerte incluso antes de que estallara la guerra Pequot. Para ello, los ingleses contrataron a varios soldados europeos experimentados, como John Underhill, Daniel Patrick (capitán de la colonia de la bahía de Massachusetts) y John Mason, que se adaptaron rápidamente a las condiciones del Nuevo Mundo. Estos no eran los únicos soldados experimentados en las colonias, ya que una buena parte había participado en la guerra de los Treinta Años (1618-1648), una guerra que enfrentó a los países de Europa central. Estos hombres contratados entrenaron intensamente a las tropas, enseñándoles a manejar eficazmente las armas de fuego y las espadas. Fueron bienvenidos en la comunidad puritana, aunque no fueran miembros de su iglesia. Los puritanos los aceptaron como profesionales que estaban allí para hacer su trabajo.

Otro factor importante que contribuyó a la derrota de los pequot es que los ingleses hicieron una alianza militar con los enemigos tradicionales de los pequot: las tribus Narragansett y Mohegan. Además de conseguir más hombres para luchar en la guerra, los guerreros de estas tribus también conocían el terreno en el que se desarrollaban las batallas y las capacidades militares de los pequot.

Los colonos ingleses llevaban chalecos de hierro blindados o pesados y largos abrigos de cuero. En aquella época, este tipo de protección era excelente y permitía a los ingleses reducir considerablemente el número de víctimas en sus filas. Estos abrigos eran extremadamente caros porque el cuero era de alta calidad y se producía en Inglaterra. Por ello, los colonos importaron un gran número de estos abrigos como equipo obligatorio para los soldados. La protección de los soldados también incluía cascos, que eran de vital importancia, y cubiertas metálicas por encima de las rodillas. Y aunque este tipo de equipamiento era bastante pesado y limitaba mucho los movimientos, proporcionaba seguridad a los soldados durante la guerra Pequot. Este equipo se fabricaba en toda Europa, por lo que los puritanos disponían de diferentes modelos. John Underhill señaló en una ocasión que fue esta protección la que le salvó de una muerte segura.

Las tácticas inglesas utilizadas durante la guerra se reflejaron principalmente durante la campaña de Mystic, que fue la principal de la guerra. Las tropas se dividieron en dos grupos, que coordinaron los ataques, dejando a los enemigos sin posibilidades de victoria. El perímetro estaba rodeado por unidades de asistencia que tenían una doble función. Por un lado, "guardaban las espaldas" de la mayoría de las tropas, pero también capturaban a todos los que intentaban escapar del fuerte. Según las estimaciones del fuerte Mystic, solo una docena de pequot sobrevivieron, lo que dice mucho de la eficacia de este tipo de organización. Los ingleses intentaron utilizar el elemento sorpresa en varias ocasiones durante la guerra Pequot. Estos ataques por sorpresa disminuyeron la posibilidad de una reacción rápida y adecuada por parte de los guerreros pequot. También impidieron que los pequot consolidaran sus tropas, lo que dio a los europeos una mayor ventaja, ya que los pequot tenían un número superior.

Durante la campaña de Mystic, los ingleses trabajaron intensamente para reunir información de inteligencia, una técnica desconocida para los pequot. Por ejemplo, John Mason enviaba constantemente exploradores nativos americanos por delante del grueso de las tropas inglesas y sus aliados. Estos exploradores estaban formados por guerreros y guías de la tribu Narragansett, que ponían al día a Mason continuamente sobre la situación que le esperaba en el campo de batalla. Mason también recibía información sobre la posición de los pequot a través de los exploradores que realizaban actividades diarias durante el avance de las tropas inglesas.

Además de las tácticas probadas, los ingleses también utilizaron técnicas más novedosas durante la guerra con los pequot, ya que tuvieron que adaptarse a la forma de hacer la guerra. Esto se reflejó especialmente durante la expedición punitiva de Endecott a Block Island. En estas ocasiones, los puritanos no pudieron hacer pleno uso de sus capacidades militares. Tenían que hacer pausas más largas para atacar a intervalos, ya que su enemigo estaba en constante movimiento. Ciertamente, las experiencias adquiridas durante la expedición del capitán Endecott fueron analizadas posteriormente por los ingleses y utilizadas contra el enemigo.

Capítulo 6 - Escalada del conflicto

La guerra llegó en un momento excepcionalmente difícil para ambas partes. El año anterior, la región había sido azotada por un huracán, que devastó las cosechas y demolió las casas. La situación empeoró debido a las inundaciones, que se cobraron muchas vidas y causaron importantes daños materiales. Como resultado, el invierno de 1635/36 fue inmensamente duro, y la falta de alimentos provocó la muerte de muchos animales, lo que posteriormente causó otra escasez de alimentos para la población. La angustiosa situación de la colonia puede confirmarse en una carta de un tal Edward Trelawny, que transmitió los acontecimientos a su hermano en Inglaterra. "Actualmente, el país se encuentra en una situación de pobreza generalizada, un gran número de personas han llegado al país". Este periodo también estuvo acompañado por la migración masiva de ingleses a América del Norte, lo que significaba que había más bocas que alimentar, pero no había suficiente comida para hacerlo. Las enfermedades también provocaron una catástrofe demográfica entre los habitantes locales, por lo que ni siquiera había suficiente gente para cultivar la tierra. Otro problema para los ingleses fue que no se adaptaron del todo a las condiciones de siembra de Norteamérica.

Esta nueva situación, según algunos historiadores, aceleró los preparativos para la guerra.

La situación en la fortaleza inglesa de Saybrook, donde se desarrollaron muchas acciones de la guerra Pequot, también era complicada. Algunas fuentes señalan el descontento general entre los habitantes de Saybrook. En concreto, la gente que residía en el fuerte escribió a los líderes de la colonia sobre el hambre y la escasez de ropa. El mayor problema al que se enfrentaba la población era la falta de maíz. Este producto era valorado no solo por los nativos, sino también por los inmigrantes europeos. El maíz era fácil de cultivar y alimentaba tanto a los humanos como al ganado. También se podía consumir de muchas maneras, como seco, cocido y horneado en pan.

Hubo cierto descontento entre los puritanos por la decisión de entrar en guerra con los pequot. Lion Gardiner, el comandante de Fort Saybrook, señaló que su tripulación se estaba muriendo de hambre en tiempos de paz. Esperaba secretamente que los nativos americanos aceptaran las demandas de Boston por miedo a que el conflicto se intensificara. Las tropas de Saybrook tenías buenas razones para temer la guerra que se avecinaba. Es decir, la fortaleza estaba situada cerca de los pequot, y existía la posibilidad lógica de que fueran los primeros en ser atacados. Sin embargo, con el tiempo, Gardiner cambió de opinión sobre la guerra porque surgió la oportunidad de que los ingleses se hicieran con los ricos campos que poseían los pequot.

Independientemente de lo que algunos puritanos pudieran pensar o desear, la guerra se avecinaba. La expedición punitiva a Block Island, que fue dirigida por el experimentado capitán John Endecott, fue solo un anticipo de la sangrienta guerra entre los puritanos y los pequot. Sin embargo, la campaña de Block Island en sí misma no causó bajas humanas significativas en ninguno de los dos bandos, aunque Endecott quemó varias aldeas y saqueó suministros.

Tras la campaña de Endecott, los pequot comenzaron a buscar aliados. Se pusieron en contacto con los sachems de los narragansett y los mohegan, pidiéndoles que se unieran a la guerra contra los ingleses. Si los pequot hubieran conseguido esta alianza, es muy probable que la guerra se hubiera decantado a su favor. En primer lugar, habrían eliminado al enemigo "de su puerta", y los ingleses no tendrían una, sino dos tribus poderosas contra ellos. Sin embargo, esas tribus decidirían más tarde luchar del lado de los ingleses. De este modo, se frustró cualquier posibilidad de que los nativos americanos se unieran para hacer la guerra contra los inmigrantes europeos. Parece que la larga historia de conflictos internos entre los pequot y los narragansett fue un obstáculo insuperable. No obstante, los pequot seguían siendo un adversario excepcionalmente vigoroso, con hasta veintiséis sachems de tribus menores de su lado. Sin embargo, la mayoría de estas alianzas no eran de gran importancia para los pequot cuando comenzó la guerra, ya que la mayoría de las tribus permanecieron neutrales.

Los pequot estaban furiosos por las acciones de los ingleses; la quema de sus pueblos y la destrucción de las cosechas despertaron un gran desprecio y odio hacia los colonos europeos. Lion Gardiner, que estaba a cargo de Fort Saybrook, y Edward Winslow, el gobernador de la colonia de Plymouth, escribieron a los líderes de Boston debido a las temerarias acciones que se habían organizado allí. Estos líderes señalaron que los problemas se habían resuelto, al menos por un tiempo. Por lo tanto, Winthrop no pensó que los pequot responderían con una intervención militar. Consideró que la expedición punitiva liderada por Endecott era una advertencia para los pequot, que supuso que se darían cuenta de que se enfrentaban a un enemigo poderoso.

Para los líderes de Boston, esta opinión resultó ser un error. A principios de 1637, los pequot comenzaron a planificar operaciones militares más intensas. Dirigieron sus primeras acciones contra los colonos que vivían alrededor del río Connecticut. Sus ataques al estilo de las guerrillas causaron un inmenso daño a los ingleses. El comienzo de 1637 fue esencialmente una venganza por las acciones de Endecott en el verano anterior. Durante este periodo, una treintena de colonos ingleses perdieron la vida. Los que fueron capturados vivos por los pequot sufrieron el peor destino: la tortura y una muerte lenta.

Se produjeron asaltos ocasionales a Fort Saybrook, diseñado por Lion Gardiner y construido en la desembocadura del río Connecticut. Además de su importancia como base militar para los puritanos, contaba con un gran molino. Los ataques a Fort Saybrook fueron intensos, pero los pequot los llevaron a cabo en grupos más pequeños. Lion Gardiner proporciona algunos datos sobre estos acontecimientos. "Un día, los miembros de las tropas de Saybrook tuvieron que salir del fuerte para conseguir suministros. Durante las negociaciones con los pequot, se les permitió pasar con seguridad por sus territorios. A nuestro regreso, nuestros tres hombres fueron emboscados por un indio. Los guerreros de la tribu Pequot organizaron la emboscada, y los tres fueron asesinados, y los bienes destinados a las tropas en la fortaleza fueron saqueados".

Pronto tendría lugar un conflicto que los ingleses no podían ignorar fácilmente. En abril de 1637, unos 200 guerreros pequot atacaron el pequeño asentamiento de Wethersfield, situado al sur de Hartford. El 23 de abril, los pequot llevaron a cabo un repentino y feroz ataque contra los colonos ingleses mientras realizaban la siembra de primavera. Entre las filas de los pequot había miembros de la tribu Wangunk. Seis hombres y dos mujeres perdieron la vida en el ataque de los pequot. Los pequot y sus aliados también mataron veinte reses. La matanza de estos animales creó problemas adicionales para los colonos porque redujo sus suministros de alimentos en un ambiente de escasez de los mismos.

En esa rápida incursión, los pequot capturaron a dos muchachas, que pertenecían, por cierto, al hombre más rico de Wethersfield. Las fuentes afirman que los pequot, al pasar en canoa por Fort Saybrook, se burlaron de los colonos que vivían allí. Les mostraron las ropas ensangrentadas de los colonos asesinados y se burlaron de las chicas capturadas. Las dos muchachas fueron finalmente devueltas tras el pago de un rescate. Los comerciantes holandeses mediaron en el intercambio.

Muchos historiadores creen que este ataque pequot fue un esfuerzo de los nativos por destruir los suministros ingleses y crearles problemas adicionales en un año ya difícil. Al hacer esto, los pequot esencialmente les dijeron a los ingleses que no eran bienvenidos.

Los acontecimientos del 23 de abril de 1637 hicieron que las cosas fueran irreversibles. Sin duda, puede considerarse uno de los puntos de inflexión en la guerra Pequot. En lugar de las tácticas de ataque y huida por sorpresa, Sassacus y su tribu comenzaron a mostrar abiertamente su agresividad hacia los europeos. Estas acciones sirvieron como indicador de lo que estaba por venir. Unos días después del ataque a Wethersfield, el 1 de mayo de 1637, la colonia de Connecticut declaró oficialmente la guerra a la tribu Pequot. La Corte General de Hartford no tenía argumentos para esta decisión; una guerra con los pequot era la única opción para los colonos.

Philip Vincent, un soldado de Saybrook, proporciona información sobre las acciones de los pequot en la zona del río Connecticut y sus ataques a Fort Saybrook. Sus descripciones de los guerreros pequot son muy cautivadoras. Señala que tenían un físico imponente y que eran guerreros extremadamente hábiles. Vincent también describe a los pequot como una tribu bárbara y salvaje a la que nadie se atrevía a enfrentarse en una batalla abierta. Estas descripciones ayudan a mostrar por qué muchas de las otras tribus temían a los pequot y cómo suponían una amenaza. Según los testimonios de Philip, incluso muchos soldados ingleses temían a los guerreros pequot.

Las acciones de los pequot en torno a Fort Saybrook y la zona del río Connecticut se prolongaron durante meses. A principios de la primavera de 1637, los ingleses establecieron oficialmente una alianza de guerra con los enemigos tradicionales de los pequot, los narragansett y los mohegan. Los ingleses se habían enterado de los intentos de los pequot de aliarse con estas dos tribus, y tal información no les resultaba nada agradable, ya que una alianza de los nativos habría aplastado sin duda a los colonos. Esta fue una de las razones por las que los ingleses se apresuraron a reunir aliados en esta guerra. Sin embargo, conseguir aliados nativos podía ser, en ocasiones, bastante difícil. Algunas tribus desconfiaban de los nuevos colonos, y no querían ayudarlos para luego ser traicionados. Además, los puritanos veían a los nativos con cierto desprecio.

Durante la guerra Pequot, se llevó a cabo una práctica extremadamente extraña: el intercambio de partes del cuerpo de un enemigo muerto. En las batallas ocasionales con los pequot, los mohegan y los narragansett cortaban partes del cuerpo y las llevaban con sus aliados ingleses, quienes, a su vez, ridiculizaban a sus aliados nativos. Sin embargo, entre los colonos ingleses existía una práctica similar, ya que a menudo decapitaban a sus enemigos. El intercambio de estos trofeos de guerra era una forma de reforzar la alianza bélica entre ellos. Este mecanismo, es decir, el regalo entre las diferentes culturas y pueblos de la época, muestra una noción de autoridad. La observación antropológica de estos fenómenos indica el flujo de poder.

Los puritanos no aplicaban este proceso de profanación del cadáver del enemigo; solo lo hacían con los prisioneros de guerra. Un gran número de delincuentes y ladrones atroces en la sociedad puritana sufrieron un destino similar. En la sociedad puritana, durante el proceso de decapitación, el resto del cuerpo profanado era troceado y dividido en cuartos. Las personas condenadas por alta traición pasaban inevitablemente por ese tipo de castigo. A lo largo de la historia puritana, hubo casos en los que altos funcionarios del gobierno sufrieron ese destino.

En Inglaterra, a una persona condenada por alta traición se le decapitaba la cabeza delante de una audiencia, y la cabeza se exhibía después públicamente como advertencia para los demás. Los ingleses solían hervir la cabeza cortada para retrasar el deterioro del tejido. De este modo, las cabezas permanecían "frescas" durante días, lo que daba la impresión de que la cabeza había sido cortada recientemente, lo que, de por sí, es un acto altamente morboso. Las mejillas de la cabeza cortada se pintaban a veces de rojo, lo que daba un efecto adicional de frescura. Esta forma de profanación del cuerpo del enemigo está presente en los textos religiosos de los puritanos. Como la religión tenía un inmenso impacto en todas las esferas de la vida, este fenómeno era frecuente.

Los puritanos justificaban sus acciones con la religión. En los textos sagrados, el rey David lanzó una campaña para castigar a todos los infieles del mundo para crear una nueva Canaán. En cierto modo, los puritanos se identificaron con este acto, ya que pretendían crear un lugar en el Nuevo Mundo purificado de los no creyentes. Fue con estos elementos de la religión con los que los puritanos trataron de silenciar a los críticos después de la masacre del río Mystic, que se tratará en el próximo capítulo.

Sin embargo, la práctica de profanar el cuerpo de un enemigo muerto también estaba presente entre muchas tribus nativas de Norteamérica. Además de las fuentes escritas que lo demuestran, existen pruebas materiales de estas prácticas. Concretamente, los arqueólogos han encontrado cuerpos a los que les faltan extremidades o cráneos. Estas costumbres estaban muy arraigadas en muchas comunidades nativas americanas. Los guerreros solían llevar a casa partes del cuerpo de sus oponentes muertos en las batallas. Luego mostraban estas partes del cuerpo a sus familias, a otros miembros de la tribu y a los jefes tribales. De este modo, demostraban que habían salido victoriosos de la guerra. También demostraba el valor del guerrero, que había protegido a su comunidad jugándose la vida.

Muchas tribus practicaban una tortura brutal, que se hacía en público. Se esperaba que el guerrero capturado soportara esta tortura física con valentía mientras era observado y escudriñado por su enemigo. Estas sangrientas costumbres consistían principalmente en cortar las manos o los pies del prisionero. El acto final de este proceso era decapitar o arrancar la cabellera al prisionero de guerra. Dado que los pequot a menudo capturaban vivos a los colonos durante la guerra Pequot, es seguro que muchos de ellos sufrieron diversas formas de tortura.

Muchas tribus de nativos americanos tenían una visión muy peculiar de un acto público y sangriento como este. Creían que un guerrero capturado tenía la oportunidad de redimirse, ya que no había tenido una muerte honorable en el campo de batalla, sino que había caído en manos de su enemigo. Precisamente por eso, las tribus de Norteamérica esperaban el valor del guerrero que pasaba por estas torturas.

Al igual que los ingleses, los guerreros narragansett colgaban públicamente los miembros de los enemigos muertos, y hacían lo mismo con los guerreros pequot. Durante la guerra Pequot, Uncas y otros guerreros de la tribu Mohegan capturaron a cinco hombres pequot. Después de torturarlos, los decapitaron y llevaron las cabezas cortadas a sus aliados puritanos. Las cabezas cortadas fueron exhibidas públicamente en Fort Saybrook. De este modo, Uncas reforzó su alianza con los colonos europeos. Estas acciones fueron bastante comunes durante la guerra.

Los ingleses a menudo recompensaban a sus aliados durante la guerra Pequot por traer partes del cuerpo de los pequot asesinados. Después de la masacre del río Mystic, continuó la práctica de decapitar y mutilar partes del cuerpo de los guerreros pequot fugitivos. En una ocasión, un sachem de una comunidad tribal más pequeña visitó Fort Saybrook para intentar acordar un comercio con los puritanos. El capitán Lion Gardiner le dijo que era posible un intercambio, pero tenía una condición. Le pidió al sachem que trajera las cabezas cortadas de aquellos pequot que buscaran refugio en su tribu. Todos los que llevaron los miembros o las cabezas de los guerreros pequot fueron recompensados. Esta medida permitió que las partes neutrales de la guerra se involucraran más y ayudaran a los ingleses.

El acto de intercambiar partes del cuerpo, torturar y decapitar no fue solo característico de la guerra Pequot. A lo largo de la historia, se pueden encontrar ejemplos similares en muchas culturas y partes del mundo. Hoy en día, en el siglo XXI, hay países en los que se castiga a ciertos criminales graves y disidentes políticos cortándoles partes del cuerpo, profanando a un hombre después de la muerte o matándolo en ejecuciones públicas. En su mayor parte, se trata de países cuyas leyes se basan en principios políticos totalitarios y cuyas leyes se derivan de textos y creencias religiosas. En otras palabras, se trata en su mayoría de sociedades que desconocen los principios democráticos y los derechos humanos y libertades básicas.

Capítulo 7 - La campaña del río Mystic

En la literatura, la campaña del río Mystic también se conoce como la "Masacre de Mystic". La mayor parte de nuestros conocimientos sobre la mayor y más masiva operación militar de la guerra Pequot la obtenemos de las notas de los protagonistas directos de ese evento. Gran parte de esta información nos la proporciona el capitán John Mason. Además de Mason, alguna información sobre la campaña de Mystic es proporcionada por John Underhill y Lion Gardiner. La historiografía está de acuerdo en una cosa; aunque todas estas fuentes pueden considerarse fiables, todas fueron escritas por los vencedores de la guerra Pequot. Sobrevivió algo de historia oral de este acontecimiento, que fue transmitida principalmente por los participantes en la campaña del río Mystic y el pequeño número de pequot supervivientes, quienes luego transmitieron sus terribles experiencias a las generaciones futuras. Además de estas fuentes, los historiadores pueden recurrir a las pruebas arqueológicas. Douglas D. Scott dirigió varias expediciones arqueológicas para conocer mejor la batalla más importante de la guerra Pequot. Douglas Scott está considerado como uno de los arqueólogos estadounidenses más reputados de la actualidad. Ha recibido numerosos reconocimientos de instituciones respetables, como el Departamento del Interior de los Estados Unidos, el Servicio de Parques Nacionales y el Instituto Arqueológico de América. Los propietarios de las parcelas del barrio cedieron desinteresadamente algunos lugares para que pudieran ser investigados, y los clubes de detección de metales también han contribuido, en alguna medida, a la investigación del yacimiento de Mystic Fort. Gracias a esta investigación, hoy en día disponemos de muchos datos que podemos utilizar para comprender mejor la campaña del río Mystic.

La campaña de los puritanos en el río Mystic representa la primera acción importante de la guerra Pequot. Las incursiones indígenas durante el asedio de Saybrook, que duró varios meses, permitieron a los ingleses conocer la capacidad de lucha, los hábitos y los movimientos de los guerreros pequot. La campaña del río Mystic duró del 17 al 27 de mayo de 1637. La culminación de la campaña fue la batalla en el Fuerte Pequot, más conocido como Mystic Fort (también escrito como Mistick Fort en algunas fuentes), que duró más de una hora.

Toda la campaña fue excelentemente organizada por experimentados militares ingleses. Los puritanos emprendieron amplias medidas de observación, trazaron su aproximación, organizaron a los hombres y calcularon la mejor manera de retirar las tropas del lugar. Hasta la batalla del río Mystic, todas las demás maniobras militares inglesas, como la acción en Block Island, solo pueden considerarse expediciones punitivas; lo mismo ocurre con los pequot, cuyas acciones suelen considerarse incursiones.

La campaña del río Mystic fue principalmente el resultado del ataque de los pequot al asentamiento colonial de Wethersfield a finales de abril de 1637. Un tribunal colonial de Hartford acusó a los pequot de haber matado a colonos ingleses en la zona del río Connecticut y nombró al capitán John Mason para dirigir las futuras acciones militares en la guerra contra los pequot. Además del experimentado capitán Mason, se unieron a la operación Robert

Seeley, William Pratt y Thomas Bull. Estos tres hombres sirvieron como tenientes. Ocho sargentos también participaron en la campaña del río Mystic, y las autoridades locales hicieron sus propias contribuciones. Se les ordenó adquirir veinte conjuntos de armaduras, armas para los soldados y otros equipos necesarios para la operación militar. Aunque las autoridades locales recibieron instrucciones detalladas sobre la cantidad que debían adquirir, cada soldado debía llevar una libra de pólvora, cuatro libras de munición y veinte balas. Los asentamientos que más contribuyeron a la campaña del río Mystic fueron Hartford, Windsor y Wethersfield. Además de las tribus aliadas Mohegan y Narragansett, los guerreros de la tribu Suckiaug (también deletreada como Saukiog o Sickaog) también se unieron a la acción.

Los puritanos estaban decididos a enviar tropas diecisiete días después de haber declarado la guerra, lo que dice mucho de su determinación de enfrentarse a los pequot de una vez por todas. Las tropas zarparon de Hartford el 10 de mayo de 1637, y el viaje hasta su primer destino duró unos siete días. Los vientos soplaban en contra, por lo que el viaje duró más de lo previsto. Finalmente llegaron a su destino deseado, Fort Saybrook, el 17 de mayo de 1637.

Mason recibió instrucciones claras de sus superiores sobre el ataque a los pequot. Tras llegar a su destino, se reunió con el capitán John Underhill y con Lion Gardiner, con quienes discutió el plan de ataque y otras instrucciones dictadas desde el consejo de Hartford.

La ruta propuesta originalmente dictada desde Hartford implicaba avanzar a lo largo del río Connecticut y utilizar las típicas formaciones de combate. Pero, aunque esta acción se basaba en formaciones y tácticas militares estándar, había algo novedoso: el apoyo de las tribus nativas americanas aliadas. Las tropas inglesas contaban con unos 77 hombres. Las tribus aliadas aportaron unos 250 guerreros, que eran, en su mayoría, mohegan y narragansett.

Underhill les sugirió que rechazaran el plan de ataque original. Como ya se ha mencionado, los pequot habían cambiado ciertos hábitos y enfoques de la guerra para combatir mejor a los ingleses. Underhill lo sabía. De hecho, Underhill comprendía a los pequot quizás mejor que los tres líderes de la campaña porque tenía más experiencia con sus capacidades y recursos bélicos. El plan presentado por el capitán Mason implicaba un conflicto directo, y Underhill sabía que las posibilidades de tal escaramuza eran mínimas o inexistentes. Como los pequot conocían las ventajas del armamento europeo, era casi seguro que evitarían un enfrentamiento directo con los británicos.

También había otro problema. Los ingleses estaban luchando en terreno ajeno. Aunque algunos hombres habían vivido allí durante algunos años, su conocimiento del terreno palidecía enormemente en comparación con el de los nativos americanos. A los ingleses les ayudaba tener a algunas de las tribus de su lado, pero Underhill y Gardiner eran escépticos a la hora de incluirlos en sus filas. Para muchos, el hecho de que los nativos hubieran sido recientemente aliados de los pequot planteaba dudas. Gardiner escribió lo siguiente: "Cómo se atrevían a confiar en los indios mohegan que a su vez descendían de los pequot". Entre los colonos estaba establecida la opinión de que los nativos eran, en general, un factor volátil; tal actitud se había formado durante los primeros años de la colonización.

Sin embargo, no tenían mejor opción; los aliados nativos durante la campaña del río Mystic eran necesarios. El capitán Mason lo comprendió y habló en defensa de los aliados nativos. Mason reconoció que la campaña no podía tener éxito sin gente que conociera el terreno. Además, los mohegan y los narragansett podían proporcionar información sobre los movimientos de los guerreros pequot y el despliegue de las tropas enemigas.

Durante las negociaciones de la campaña del río Mystic, los comerciantes holandeses llegaron al fuerte. Volvieron con las dos niñas que habían sido secuestradas por los guerreros pequot durante el ataque a Wethersfield el 23 de abril de 1637. Por esas mismas fechas, los líderes de la campaña llegaron a un acuerdo. El ataque frontal que debía realizarse a lo largo del río Connecticut fue rechazado por unanimidad. En su lugar, los puritanos decidieron navegar fuera del territorio de Connecticut para hacer creer a los pequot que sus tropas se marchaban. Los hombres de Underhill se unieron a las operaciones militares, mientras que Gardiner decidió asegurarse de que el cirujano de Saybrook proporcionara asistencia médica a los soldados heridos.

El jueves 18 de mayo de 1637, la expedición partió para atacar las zonas fortificadas de los pequot, siendo el primer objetivo el fuerte Mystic. Para llegar a él, los ingleses decidieron atravesar el territorio de los narragansett, ya que estaba situado cerca de donde residían los pequot. La expedición llegó al territorio de los narragansett el 20 de mayo, pero las tropas tuvieron que esperar un poco más para el ataque, ya que hubo mal tiempo y los líderes del ejército tuvieron que reunirse con el sachem para discutir el plan de ataque. Los narragansett sugirieron que la mejor oportunidad de éxito era lanzar un ataque sorpresa durante la noche. También dieron información detallada sobre la posición del enemigo y los lugares que iban a atacar. Se acordó que los narragansett se organizarían fuera del asentamiento y emboscarían a los pequot que escaparan del ataque. Miantonomi (también escrito como Miantonomoh), el sachem de los narragansett, ofreció a los ingleses sus mejores guías.

Al final, se decidió que los ingleses y sus aliados siguieran por el territorio de los narragansett y luego por el del enemigo hasta llegar al fuerte Mystic. Los comandantes ingleses consideraban que la velocidad, el secreto y la eficiencia eran las claves del éxito de la campaña, por lo que cualquier otro retraso era inaceptable. El tiempo era esencial, ya que cualquier prolongación podría dar lugar a la posibilidad de ser detectados.

Una vez que los líderes de la campaña del río Mystic llegaron a la conclusión de que la operación ya estaba atrasada, decidieron no esperar los refuerzos de la colonia de la bahía de Massachusetts. El 24 de mayo, la expedición se embarcó en un viaje de treinta y cinco millas (cincuenta y seis kilómetros) y pronto llegó al fuerte Niantic. Este fuerte no era uno de los objetivos previstos, pero los ingleses sabían que los niantic estaban en buenas relaciones con los pequot. Si los niantic descubrían los movimientos de los colonos, podrían informar a los pequot, lo que pondría en peligro toda la operación. Como no podían entrar en el fuerte, su única opción era rodearlo e impedir que los niantic salieran.

El fuerte Mystic estaba a unas quince millas (unos veinticuatro kilómetros) del fuerte Niantic. En la mañana del 25 de mayo, el grueso de las tropas de Mason continuó su camino. Durante el día, las fuerzas cubrieron una enorme distancia, lo que supuso un gran desgaste para su resistencia física.

Antes del ataque, Mason decidió celebrar un consejo de guerra, en el que volvieron a repasar todos los detalles. Esta pausa permitió a los soldados descansar antes del gran choque con el enemigo. La expedición no tardó en enterarse de que en las inmediaciones del fuerte Mystic había otros lugares estratégicos muy vigilados. Sin embargo, en ningún momento ese conocimiento desanimó a Mason y a sus tropas. Aunque los soldados no tuvieron suficiente tiempo para descansar de su largo viaje, se decidió que atacarían el fuerte. Antes del ataque, los puritanos se unieron en oración, algo que solían hacer antes de una batalla inmediata.

Los ingleses contaban con el factor sorpresa. El escenario ideal sería pillar a los pequot dormidos. No se sabe cuándo atacaron exactamente los ingleses, ya que las fuentes difieren. Según algunas informaciones, el ataque comenzó una hora después de la medianoche, mientras que otras fuentes afirman que los ingleses atacaron cuatro horas después de la medianoche.

Las tropas se dividieron en dos grupos, uno dirigido por el capitán John Mason y el otro por John Underhill. El plan se ideó en este orden: Mason atacaría desde la entrada este, mientras que Underhill dirigía el ataque desde el oeste. Altos pilares de madera rodeaban el fuerte, y las entradas estaban camufladas, pero eso no impidió que los guías distinguieran los caminos hacia las entradas. El fuerte Mystic abarcaba unas dos hectáreas de terreno, y se suponía que el ataque debía estar coordinado para que ambos grupos atacaran simultáneamente.

Sin embargo, las cosas rara vez salen como se planean. Cuando los ingleses se acercaron al fuerte, los perros comenzaron a ladrar, revelando la presencia de los soldados ingleses. Un miembro de la tribu Pequot vio a los ingleses y comenzó a alarmar a los demás. En ese momento, los ingleses decidieron atacar, aunque las tropas no estaban en las posiciones acordadas.

La fuerza de Mason se encontró con una feroz resistencia por parte de los nativos, especialmente cuando entró en el asentamiento, ya que la lucha se había intensificado. El interior del fuerte estaba densamente poblado. El grupo de Mason sufrió algunas pérdidas, pero siguió reprimiendo a los pequot. Los pequot, que tenían a muchos de sus mejores guerreros en el fuerte, lucharon con valentía. Se cree que entre 100 y 150 guerreros pequot estaban dentro del fuerte. Los testimonios dicen que se necesitaron cinco soldados para derrotar a un solo guerrero pequot. En un momento dado, Mason se dio cuenta de que si la lucha continuaba a ese ritmo, la operación podría terminar sin éxito, ya que sería demasiado difícil eliminar a todos los nativos del fuerte con el número de soldados que le quedaba. Además, había muchos heridos entre las filas inglesas, lo que complicaba aún más la posición de Mason.

Debido a estas circunstancias, Mason se vio obligado a replantear su estrategia. Decidió prender fuego a una vivienda dentro del fuerte, y sus soldados siguieron su ejemplo. John Underhill describe así los detalles de la movida de Mason:

> "El capitán Mason y yo perdimos un hombre cada uno, y tuvimos más de veinte heridos: pero al ver que el Fuerte era demasiado caliente para nosotros, ideamos una manera de salvarnos y perjudicarlos, el capitán Mason entró en una cabaña, sacó una tea, después de haber herido a muchos en la casa, entonces prendió fuego en el lado oeste donde entró, yo prendí fuego en el extremo sur con un rastro de pólvora, los fuegos de ambos se reunieron en el centro del Fuerte ardieron terriblemente, y quemaron todo en el espacio de media hora; muchos compañeros valientes no quisieron salir, y lucharon desesperadamente a través de los bancos de arena".

Este movimiento se considera una de las principales acciones que condujeron al éxito de la campaña del río Mystic. Existen ciertos indicios de que los ingleses habrían fracasado si Mason no hubiera decidido utilizar el fuego. Como se verá en breve, la guerra Pequot se caracteriza por las maniobras militares no convencionales, lo que refleja aún más la brutalidad de esa efímera, pero sangrienta, guerra.

Cuando se produjo el incendio, Underhill y sus tropas atacaron inmediatamente, demostrando su experiencia y rapidez en la batalla, ya que nada de esto había sido planeado. Los hombres de Underhill entraron en el fuerte armados con armas de fuego y espadas. La parte norte del fuerte ya estaba en llamas, y Underhill y sus hombres siguieron el ejemplo de Mason y continuaron prendiendo fuego. Cuando Underhill se dio cuenta de que las tropas de Mason habían avanzado, decidió retirar su contingente a las afueras de la entrada suroeste del fuerte y continuar luchando allí.

Muchos pequot trataron de escapar de la fortaleza, especialmente en los momentos en que la intensidad del ataque inglés era demasiado fuerte. Afortunadamente, para los ingleses (y desafortunadamente para los pequot), una cosa salió según el plan. Varias tropas, compuestas en su mayoría por guerreros nativos, habían rodeado el fuerte para impedir la huida de los pequot. Así, la mayoría de los que lograron escapar del fuerte Mystic cayeron en manos de los mohegan, narragansett y suckiaug y fueron asesinados. Las fuentes indican que los guerreros de la tribu Pequot lucharon valientemente hasta su último aliento.

El final de la batalla mostró toda la destrucción y devastación que se había producido. Las fuentes difieren, pero entre 400 y 700 miembros de la tribu Pequot yacían muertos en el fuerte Mystic o en sus alrededores. La mayoría de las fuentes indican que en el fuerte vivían algo más de 400 personas antes del ataque, y dado que casi todos perdieron la vida ese día, la estimación de algo más de 400 personas es la más probable. El mayor número de víctimas fueron mujeres y niños. Se estima que la mayoría de las víctimas murieron en los incendios provocados por los ingleses. Las bajas inglesas, en cambio, fueron incomparablemente menores. Dos soldados murieron, mientras que un gran número resultó herido. Más del 30% de los soldados puritanos resultaron heridos graves o leves en esta batalla, que duró más de una hora. Los aliados nativos también sufrieron bajas; sin embargo, no se conoce el número exacto de cuántos murieron o resultaron heridos. Muchos de ellos sufrieron a manos de los propios ingleses al no poder distinguir a sus compañeros nativos de los pequot. Como resultado, los ingleses dispararon a sus aliados.

El viaje de vuelta supuso un reto aún mayor para los ingleses y sus aliados nativos americanos que la batalla del fuerte Mystic, ya que tuvieron que transportar un gran número de soldados heridos a través del territorio enemigo. Inmediatamente después de la batalla, se formó un campamento militar temporal, ya que esperaban un contraataque pequot. Cientos de guerreros pequot de los pueblos vecinos se reunieron en las colinas cercanas. El miedo reinaba entre los ingleses y sus aliados, pero no tuvieron mucho tiempo para pensar en ello, ya que la respuesta pequot fue tan rápida que los ingleses no tuvieron tiempo real para descansar. Los pequot se mantuvieron fuera del alcance de las armas de fuego inglesas, por lo que Underhill trató de movilizar a los guerreros mohegan y narragansett para que formaran una formación defensiva, que consiguió repeler a los pequot.

Algunos guerreros de la tribu Narragansett temieron que los ingleses se quedaran sin municiones y decidieron abandonar la campaña y regresar a su territorio. Este movimiento muestra cómo las tribus aliadas confiaban en los ingleses y en sus logros militares tecnológicos. Unos cincuenta guerreros narragansett decidieron abandonar la campaña. Al volver a casa, fueron atacados por los pequot. Sin embargo, Underhill decidió ayudar a los aliados, acudiendo en su ayuda con una treintena de soldados y salvando a los narragansett en fuga de una muerte segura. En ese momento, el resto de las tropas inglesas se vieron en peligro, ya que Mason se quedó con un gran número de heridos y sin los treinta soldados que Underhill llevaba consigo.

Los pequot no tuvieron éxito en sus dos primeros intentos de atacar a los ingleses y a sus aliados y, para colmo, perdieron aún más guerreros. El contraataque duró aproximadamente una hora. Los ingleses decidieron retirarse al punto designado, el puerto del río Támesis, lo que fue acompañado por una serie de contraataques de los guerreros pequot. Mason afirma que unos 300 guerreros participaron en el mayor contraataque pequot. La mayoría de estos contraataques fueron rechazados con éxito, lo que infligió grandes pérdidas a los pequot.

Mason y Underhill formaron una columna con sus heridos y descendieron la colina Pequot desde la ladera oeste. Mason lideró y custodió la columna de heridos con sus soldados, mientras que Underhill se situó en la parte trasera de la columna con sus unidades. Unos 100 pequot atacaron la parte trasera de la columna de Underhill. Un gran número de ellos atacó directamente a los ingleses, por lo que fueron blanco fácil de los mosquetes. Parte de ese grupo atacó por los lados, pero sin éxito.

El viaje de vuelta fue excepcionalmente duro y agotador, y el peligro acechaba constantemente. Como los pequot intentaban atacar por todos los lados, no bastaba con proteger a los heridos por delante y por detrás, así que los ingleses reforzaron también los laterales. La mayoría de los contraataques de los pequot se realizaban desde los pantanos cercanos, y los soldados ingleses de vez en cuando abrían fuego preventivamente en dirección a los pantanos que encontraban.

Los ataques continuaron hasta que la columna estuvo a unas dos millas (algo más de tres kilómetros) del puerto del Támesis. Las fuentes indican que los pequot perdieron más guerreros en estos contraataques que en la batalla por el fuerte Mystic. Esta información nos la comunica Underhill, que habla de la desorganización de los nativos americanos en el sentido militar. Para vengarse de los ingleses lo antes posible, los pequot habían avanzado sin un plan de ataque concreto, infligiéndose mucho daño en el proceso.

Underhill siguió avanzando hacia los barcos con los heridos y pronto zarpó hacia Saybrook. Mientras tanto, Mason continuó la marcha hacia la costa este de Connecticut con las tropas restantes el 27 de mayo de 1637. Las tropas de Mason acamparon una noche más y, a primera hora de la mañana, partieron hacia Saybrook. Existen ciertos indicios de que Sassacus intentó tomar represalias con cincuenta guerreros, pero esta información debe tomarse con cautela, ya que no es completamente fiable.

El 2 de junio de 1637, la Corte General proporcionó a Mason otros treinta hombres para que continuara su lucha contra los pequot supervivientes. Sassacus se encontró en fuga con unos 200 miembros de la tribu, que incluían tanto guerreros como civiles. Se organizaron varias unidades militares en la zona de Connecticut para dar caza a los pequot en fuga. Algunos de los soldados procedían incluso de la colonia de la bahía de Massachusetts. Mientras tanto, la colonia de Plymouth declaró la guerra a los pequot. La caza y matanza de la tribu Pequot que había logrado sobrevivir continuó durante una semana después de la campaña del río Mystic.

En los alrededores de Fort Saybrook no se produjeron ataques por parte de los nativos, ataques que se venían produciendo casi a diario, lo que dice mucho de la devastación en la que se encontraba la tribu. La campaña del río Mystic infligió un daño incalculable a los pequot, y todos los intentos de recuperación fueron infructuosos. Algunas fuentes indican que las tribus aliadas de los ingleses, que, como vimos anteriormente, fueron un factor muy importante en la batalla, aceptaron cooperar con los puritanos con la condición de que se perdonaran las mujeres y los niños. Si esto realmente tuvo lugar, los puritanos seguramente ignoraron este acuerdo, ya que la mayoría de las víctimas en el fuerte Mystic eran mujeres y niños.

Los miembros de la tribu Pequot de las zonas cercanas que acudieron al fuerte Mystic tras la marcha de los ingleses quedaron horrorizados por la escena; no habían visto nada parecido antes, ni tenían claro cómo los hombres podían llevar a cabo semejante atrocidad. Incluso algunos soldados ingleses estaban asqueados por la magnitud de la masacre que se había producido en el fuerte Mystic. Aun así, Underhill señaló que se trataba de la ira de Dios contra los salvajes impíos, creencia que mantenían la mayoría de los puritanos.

La matanza de los nativos que huían continuaba casi a diario. Las fuentes de la época indican que algunas ciudades coloniales, como Hartford, se vieron inundadas con los miembros y las cabezas de los pequot fugitivos, que, como se mencionó anteriormente, a menudo eran llevados por otros nativos, a los que los ingleses pagaban entonces. Esta práctica se prolongó durante semanas después de la masacre de Mystic.

El final de la campaña del río Mystic también condujo a la esclavización de un gran número de pequot. La mayoría de ellos fueron vendidos a colonias fuera de la zona de Nueva Inglaterra para que no pudieran regresar fácilmente al territorio que sus antepasados habían habitado durante cientos de años. Un gran número de mujeres y niños fueron enviados a vivir con los aliados ingleses. Estas desafortunadas mujeres y niños solían acabar como sirvientes en las tribus Narragansett y Mohegan.

Como se puede deducir, después de la campaña del río Mystic, la tribu Pequot, que antes había sido poderosa y fuerte, fue puesta en la desafortunada posición de luchar por su supervivencia de la noche a la mañana. Existen ciertos indicios de que Sassacus y sus guerreros supervivientes intentaron atacar a los ingleses; sin embargo, no tenía suficientes hombres para llevar a cabo ese plan. Los supervivientes acabaron incendiando su asentamiento por impotencia y eliminaron a todos los mohegan de sus filas. Sassacus huyó de la región de Connecticut, ya que él y sus miembros eran buscados por los ingleses. Encontró refugio temporal en la tribu Mohawk.

La tribu Mohawk no tardó en enterarse, a través de los relatos de los mercaderes, del alcance del brutal ataque inglés al fuerte Mystic. Temerosos de que los ingleses los atacaran por haber dado refugio a los pequot, los mohawk liquidaron a Sassacus y a todos los que venían con él. Su cabeza fue enviada primero a Hartford y, en agosto, estaba en Boston.

La última batalla entre los ingleses y los pequot tuvo lugar entre el 13 y el 14 de julio de 1637. Fue un episodio más breve conocido como la Lucha del Pantano de Fairfield o como la Gran Lucha del Pantano. Tras la masacre de Mystic, un grupo de pequot escapó a lo que hoy es Fairfield, Connecticut, donde vivía la tribu Sasqua. En esa escaramuza había miembros de la tribu Sasqua, además de unas pocas docenas de guerreros pequot.

Unos 160 soldados de la colonia de la bahía de Massachusetts consiguieron localizar a los pequot, que se escondían en un pantano cerca de la actual Fairfield, Connecticut. Los ingleses los rodearon, impidiendo cualquier intento de huida. Según las estimaciones inglesas, había entre setenta y ochenta guerreros y varios niños y mujeres dentro del cerco hecho por los puritanos. Los niños y las mujeres fueron tomados como prisioneros, mientras que los guerreros de la tribu ofrecieron su última resistencia a los superiores ingleses.

Al principio, hubo un fuego constante de mosquetes ingleses y flechas de los nativos americanos. Las fuentes señalan que los pequot también poseían varias armas de fuego en esta época. Después de que los ingleses consolidaran las filas, aseguraran el círculo y se aseguraran de que el enemigo no tenía adónde huir, en la neblinosa mañana del 14 de julio se llevó a cabo un ataque certero.

La última resistencia de los pequot fue desecha. Se cree que todos los guerreros pequot que lucharon en la Gran Lucha del Pantano murieron. Los británicos no sufrieron bajas, pero hubo varios soldados heridos. Esta operación militar y el asesinato de Sassacus pusieron fin a la guerra Pequot.

El Tratado de Hartford entre los ingleses y los líderes tribales de las tribus Mohegan y Narragansett se finalizó el 21 de septiembre de 1638, poniendo fin oficialmente a la guerra Pequot, aunque los combates habían terminado prácticamente hace más de un año. El territorio anteriormente controlado por los pequot pasó a manos de los ingleses. Las tribus aliadas que habían participado en la guerra recibieron un gran número de pequot como esclavos. A cambio, tuvieron que declarar su lealtad a los ingleses.

En 1638 se completó el sometimiento de los supervivientes y la eliminación de la tribu Pequot. El comercio que antes estaba en manos de los pequot en el territorio de Connecticut cayó en manos de los ingleses. El Tratado de Hartford prohibió el nombre tribal de "Pequot". A partir de ese momento, cualquier pequot se denominaría mohegan o narragansett. Así, la tribu Pequot fue casi eliminada de la faz de la tierra.

Puede ser fácil juzgar a los ingleses por lo que hicieron basándose en nuestra comprensión moderna del bien y el mal. La campaña del río Mystic y los términos del Tratado de Hartford serían totalmente inaceptables en la actualidad. Sin embargo, en aquella época, este tipo de guerra era típica. Mientras que los nativos americanos de Nueva Inglaterra se dedicaban a las masacres, que rara vez incluían la matanza de mujeres y niños, aunque ciertamente ocurría, no estaban acostumbrados a esta escala de brutalidad, pero muchos de los colonos estaban más que familiarizados con ella allá en el Viejo Mundo. Lo que impulsó a los ingleses a la guerra Pequot no fue la sed de sangre, sino la sed de victoria. Y para lograr dicha victoria, los líderes de los colonos utilizaron tácticas que ya habían sido establecidas en Europa. Los conflictos en Inglaterra, las guerras con otros países europeos y las guerras en Irlanda muestran la misma intensidad de violencia demostrada durante la guerra Pequot y otras guerras con los nativos de Norteamérica.

Y además de los muchos soldados experimentados que participaron en la guerra, también había muchos reclutas que tenían un fuerte deseo de demostrar su valía en la batalla y eventualmente avanzar en el servicio militar. Creían que siguiendo las órdenes de su líder y obteniendo una victoria decisiva contra su enemigo, estaban en el mejor camino para hacerse un nombre en el Nuevo Mundo.

La religión también jugó un papel importante en el exterminio de los pequot. Para los ingleses, la guerra era mucho más que matar enemigos; se entendía como una lucha por objetivos superiores, divinos. Este concepto tampoco era nuevo para ellos, ya que estaba profundamente arraigado en la sociedad europea desde hacía muchísimos años. La implicación de la Iglesia complicó aún más las cosas, ya que la violencia se convirtió en objeto de propaganda del Estado y de la Iglesia. Los soldados que luchaban en las guerras creían que su compromiso se derivaba de un propósito superior; no era solo una misión para defender a su estado y a su familia, ni tampoco una forma de ganar fama, recompensas materiales o condecoraciones de los gobernantes.

Los ingleses veían esta lucha como una cuestión de vida o muerte. Eran nuevos en esta tierra, y ser invadidos por los nativos, a los que consideraban inferiores, no solo sería un insulto, sino que provocaría su propia desaparición. Si los ingleses ganaban, no solo se demostrarían a sí mismos ante todos los nativos americanos, sino que también ganarían la riqueza que tenían los pequot, lo que permitiría a los ingleses prosperar.

Los nativos americanos, por otro lado, no tenían objetivos religiosos que alcanzar durante la guerra Pequot. Su comprensión del mundo espiritual tenía una perspectiva completamente diferente a la europea. Y los pequot tampoco lucharon por razones económicas o políticas. Aunque los nativos estaban más que acostumbrados a pelear con otras tribus, muchas de las tribus de la zona de Nueva Inglaterra convivían de forma bastante pacífica. Al mismo tiempo sus batallas podían ser increíblemente brutales y sangrientas. Sin embargo, la práctica bélica de los nativos americanos en Nueva Inglaterra no implicaba la matanza masiva de mujeres y niños de una tribu enemiga. Las tribus de Nueva Inglaterra rara vez mataban a mujeres y niños, y definitivamente nunca ocurrió a una escala tan masiva antes del ataque al fuerte Mystic. Por lo general, las tribus de Nueva Inglaterra tomaban prisioneros. De esta manera, buscaban aumentar sus números y compensar cualquier pérdida durante la guerra.

Capítulo 8 - La madre de todos los crímenes

La Convención para la Prevención y la Sanción del Delito de Genocidio fue el instrumento jurídico internacional que codificó por primera vez el delito de genocidio. Fue adoptada por las Naciones Unidas el 9 de diciembre de 1948. La Convención define el genocidio como la intención de destruir total o parcialmente a un grupo nacional, étnico, racial o religioso. Los actos genocidas incluyen el asesinato de los miembros de un grupo, la violación de la integridad física o mental de los miembros del grupo, el sometimiento deliberado de los miembros del grupo a condiciones de vida que podrían llevar a la destrucción completa del grupo, las medidas para impedir la natalidad del grupo y el traslado y la deportación forzados. Por eso el genocidio se conoce como el "crimen de todos los crímenes" o como la "madre de todos los crímenes". Sin embargo, la definición de genocidio en sí misma es problemática por razones doctrinales y materiales y a menudo surge de desacuerdos y controversias para probar los actos genocidas.

Es importante comprender esta breve introducción sobre el carácter y la definición del genocidio. Los historiadores modernos están en conflicto sobre lo que ocurrió en la guerra Pequot, particularmente durante la masacre de Mystic. Algunos creen que la agresión de los ingleses estuvo justificada, mientras que otros creen que fue más parecida a un genocidio. Es importante considerar ambos puntos de vista para poder comprender mejor lo que se discute en la comunidad académica. En este capítulo, analizaremos los posibles actos genocidas de la guerra Pequot, examinaremos otros factores y presentaremos la tesis y la antítesis de la "madre de todos los crímenes" en Norteamérica.

Una de las definiciones de genocidio más utilizadas es la del abogado polaco Raphael Lemkin, de ascendencia judía.

> "En términos generales, el genocidio no significa necesariamente la destrucción inmediata de una nación, excepto cuando se lleva a cabo mediante asesinatos masivos de todos los miembros de una nación. Significa más bien un plan coordinado de diferentes acciones encaminadas a la destrucción de los fundamentos esenciales de la vida de los grupos nacionales, con el fin de aniquilar a los propios grupos. Los objetivos de dicho plan serían la desintegración de las instituciones políticas y sociales, de la cultura, la lengua, los sentimientos nacionales, la religión y la existencia económica de los grupos nacionales, y la destrucción de la seguridad personal, la libertad, la salud, la dignidad e incluso la vida de los individuos pertenecientes a dichos grupos".

Como tendremos ocasión de ver en este capítulo, la campaña del río Mystic representó muchos elementos de la definición de Lemkin. Esta definición es utilizada por muchos académicos para demostrar que los actos genocidas tuvieron lugar en Norteamérica. La definición de genocidio de Raphael Lemkin también fue adoptada mediante una resolución de las Naciones Unidas.

El genocidio, como norma jurídica, es relativamente "joven". Sin embargo, su práctica ha estado en uso desde los albores de las primeras civilizaciones. Las torturas y muertes masivas no fueron exclusivas de la Segunda Guerra Mundial. Sin embargo, la escala de sufrimiento en esa guerra fue tan masiva que las Naciones Unidas aprobaron legalmente una convención sobre el genocidio a nivel internacional. La resolución se aprobó también para evitar futuras víctimas masivas, así como para prevenir las guerras. Las violaciones de los derechos humanos básicos se han reflejado a lo largo de todas las épocas históricas y son características en casi todas las culturas del mundo. Como término jurídico, el genocidio es sobre todo objeto del derecho, pero también está presente en la historiografía, la ciencia política, la antropología, la sociología y la filosofía. También puede observarse desde un punto de vista psicológico.

En el contexto del derecho internacional aprobado en 1948, la campaña sobre el fuerte Mystic tuvo elementos de genocidio. Las acciones de los puritanos en lo que fue esencialmente la fase final de la guerra Pequot tenían como objetivo la destrucción sistemática de toda una tribu. Las acciones en el fuerte Mystic incluyeron la matanza de civiles y la deportación forzosa de los supervivientes con el propósito de exterminar a todo un grupo. Los europeos se otorgaron el derecho exclusivo de soberanía en el Nuevo Mundo y extinguieron todos los elementos de la autoctonía de los pequot.

Los defensores de la acción genocida contra los nativos señalan que la mayor batalla de la guerra Pequot fue solo un anticipo de lo que siguió décadas después de la guerra. En los años posteriores a la guerra Pequot, los nativos de América del Norte experimentaron un colapso demográfico, y algunas tribus fueron completamente exterminadas.

Algunas fuentes indican que los europeos transmitieron deliberadamente enfermedades infecciosas a los nativos americanos a través del comercio de mantas. Sin embargo, no hay pruebas reales que apunten a un plan sistemático para infectar a los nativos americanos con enfermedades. Sin embargo, los defensores de la tesis de las acciones genocidas tienen un argumento más fuerte cuando se trata de la demografía de la población. A lo largo de las décadas de dominación europea de Norteamérica, el número de pueblos nativos se redujo brutalmente. Con el tiempo, los europeos consideraron un estorbo a las personas que habían vivido en el país siglos antes de su llegada.

Algunas personas de alto rango en la política indican el alcance de la indiferencia hacia las tribus nativas americanas durante la colonización. El primer gobernador de California, Peter Burnett, pidió una guerra de exterminio contra los nativos americanos, que continuaría "hasta que la raza india se extinguiera". Burnett convocó esta guerra porque creía que las tribus de nativos americanos impedían la expansión y el progreso en la exploración de recursos minerales en la zona de California. En el período siguiente, las autoridades eliminaron a miles de miembros de la tribu Yuki, que habían habitado las zonas del norte de California. Al igual que los pequot, en la actualidad no quedan muchos miembros de la tribu Yuki. A diferencia de los pequot, los yuki quizá nunca puedan recuperar su lengua.

Más tarde, muchos niños nativos americanos fueron obligados a asistir a internados, donde se les impartían lecciones en inglés y aprendían las costumbres inglesas, lo que contribuyó a la desaparición de sus propias lenguas y tradiciones.

Estos acontecimientos tienen un eco lejano que todavía se puede escuchar hoy en día. En la era moderna, todavía existe un cierto prejuicio contra los nativos americanos. Esta actitud hacia los nativos es el resultado de siglos de estigmatización infundada de los pueblos indígenas de Norteamérica.

Sin embargo, es importante examinar por qué los historiadores creen que lo que ocurrió no fue un genocidio. Muchos académicos afirman que la actitud de los europeos hacia los nativos americanos puede definirse como un crimen, pero no como un genocidio. Para defender su tesis, se fijan en las vagas cifras demográficas de los nativos americanos que los antropólogos han presentado al público. Y, efectivamente, hasta ahora los científicos no se han puesto de acuerdo en una cifra exacta, ni siquiera aproximada. En la década de 1920, se informó de que alrededor de 1,5 millones de nativos americanos vivían en América durante la llegada de los europeos. En 1987, se creía que la cifra era de unos 5 millones de nativos. Por último, se afirmaba que antes de la llegada de los europeos, el número de nativos americanos era de 18 millones de personas.

Aunque nadie puede discutir que muchos nativos americanos murieron en guerras con los europeos, muchos también murieron en batallas entre ellos, ya que los nativos no siempre se llevaban bien. Además, como se ha mencionado anteriormente, un número increíblemente alto de nativos americanos sufrió y murió a causa de diversas enfermedades. La viruela fue la que más daño causó, ya que esta enfermedad no discriminaba por edad. Por lo tanto, muchos adultos cayeron enfermos, por lo que no quedó nadie para cultivar completamente la tierra y cazar. Así, muchas tribus murieron de hambre.

Teniendo en cuenta que la "intención" es uno de los elementos clave de la definición de genocidio, muchos académicos piensan que los europeos que transmitieron enfermedades infecciosas a los nativos no tenían intención de hacerlo. Hubo algunas ocasiones en las que los europeos contaminaron deliberadamente las mantas, pero se trata de casos aislados y no de una práctica habitual; por tanto, no representaba la actitud oficial de los gobiernos coloniales.

Como era de esperar, el crimen perpetrado contra los pequot, fuera o no genocidio, contiene elementos de intolerancia racial y religiosa hacia los nativos. Los puritanos vivían de acuerdo con sus creencias religiosas, que estaban profundamente arraigadas en su vida cotidiana. Creían que Jesucristo había sido enviado a la Tierra para salvar a varias personas o a los "elegidos". Sus creencias dogmáticas implicaban una rígida adhesión a ciertas reglas; valoraban la limpieza y desconfiaban del bosque, ya que este era, según sus creencias, el hogar de Satanás. Los nativos estaban profundamente conectados con el bosque y la naturaleza, lo que resultaba incomprensible para los ingleses. Las fuentes que generalmente se utilizan para reconstruir la guerra Pequot están inundadas de elementos de intolerancia religiosa. Underhill, Mason, Gardiner y Winthrop describen a los pequot como ateos, salvajes y siervos de Satanás que deben ser destruidos. Con este fin, después de la campaña del río Mystic, John Mason escribió lo siguiente:

> "¡Que toda la Tierra se llene de su Gloria! Así, el Señor se complació en herir a nuestros enemigos en las partes más alejadas, y en darnos su tierra como herencia: Que se acordó de nosotros en nuestro bajo estado, y nos redimió de las manos de nuestros enemigos: Alabemos, pues, al Señor por su bondad y sus maravillosas obras con los hijos de los hombres".

Estos elementos de extremismo religioso estaban dirigidos a todas las tribus nativas de América del Norte por igual.

Los elementos de racismo fueron el producto de varios factores diferentes. La persecución religiosa, el nacimiento de una identidad nacional y los descubrimientos geográficos son factores que llevaron a la formación de la intolerancia racial. Y aunque algunos de estos factores supusieron un progreso y un cambio en la humanidad, como los descubrimientos geográficos, el racismo surgió como resultado negativo. Los contactos iniciales entre los inmigrantes europeos y los nativos americanos no aludían a una intolerancia racial abierta, pero a medida que su contacto se intensificó con el tiempo, la discriminación racial contra los nativos se hizo más pronunciada. Finalmente, los nativos fueron considerados racial y políticamente inferiores a los ojos de los europeos. Las contribuciones a la ciencia y la tecnología y el nacimiento de una entidad nacional sentaron el terreno fértil en el que pudo florecer el racismo.

El desarrollo de una identidad nacional significaba que la gente compartía una lengua y una cultura comunes, así como una unidad racial y religiosa. Si bien esto unió a un grupo de personas, creó intolerancia hacia otros. Cuando hablamos del desarrollo de la ciencia y su impacto en la aparición del racismo, podemos fijarnos en los avances de la biología. Durante las primeras etapas de la Ilustración, que comenzó en 1715, se produjo la clasificación de la flora y la fauna. Esta clasificación acabaría siendo planteada como ejemplo de la inferioridad racial de un grupo sobre otro. El desarrollo de la tecnología trajo consigo prácticas que se pueden equiparar al capitalismo. Para que las empresas funcionaran al máximo nivel, se convirtió en una práctica habitual la esclavización de ciertos pueblos para obtener beneficios económicos.

Sin embargo, la primera etapa de la colonización inglesa del Nuevo Mundo se concibió de una manera completamente diferente, ya que los ingleses creían que iban a llevar la justicia y la iluminación religiosa a los nativos americanos. Ya que los españoles eran despiadados con los nativos, los ingleses intentaron demostrar que eran superiores a los españoles. Estos esfuerzos iniciales pronto se convirtieron en la lucha por la supremacía sobre América del Norte.

Capítulo 9 - Análisis y comparación de la guerra del rey Felipe y la historiografía de la guerra Pequot

La guerra Pequot fue el primer conflicto en Nueva Inglaterra entre los nativos americanos y los colonos europeos, y cambió permanentemente las relaciones entre los europeos y los nativos americanos. El equilibrio de poder cambió rápidamente y los numerosos, pero desorganizados, nativos de Norteamérica pasaron a estar subordinados a los europeos. Al destruir una de las tribus de nativos americanos más poderosas de Nueva Inglaterra, se eliminó un obstáculo para la expansión intensiva de los puritanos en suelo norteamericano.

Después de la guerra, las autoridades británicas establecieron un dominio completo sobre la economía y el comercio en esa parte de Norteamérica, ya que los pequot ya no podían controlar su expansión. En los años posteriores a la guerra Pequot, esa zona de Norteamérica se entrelazó con las tendencias económicas mundiales, ya que los puritanos involucraron al Nuevo Mundo en el sistema mercantilista europeo. Una penetración más intensa de las ideas capitalistas comenzó a fluir en América del Norte. Algunas tribus adoptaron estos patrones económicos, e incluso el monopolio del wampum pasó a manos de los ingleses.

La guerra Pequot mostró la determinación de los colonos ingleses por la expansión territorial a toda costa. En la década de 1630 se produjo una migración masiva de puritanos a Norteamérica. Las estadísticas muestran que el final de la guerra Pequot aumentó significativamente la afluencia de nuevas personas a Nueva Inglaterra. Por lo tanto, se puede concluir que la victoria de los colonos en la guerra influyó en la migración masiva de puritanos al Nuevo Mundo, ya que se habían eliminado todos los obstáculos a la dominación inglesa.

Después de la guerra Pequot, los nativos americanos y los puritanos vivieron en relativa paz. Aunque había alguna incursión ocasional, en su mayor parte, las cosas se habían calmado. Todo esto se detuvo cuando estalló la guerra del rey Felipe en 1675. Muchos historiadores consideran que la guerra del rey Felipe fue la continuación de la guerra Pequot, ya que era necesario "saltar" otra barrera para expandir la influencia inglesa. Mientras que los ingleses perseguían intereses económicos durante la guerra Pequot, la guerra del rey Felipe fue una batalla por territorio. Tras la guerra Pequot, los puritanos consideraban a todas las comunidades tribales como súbditos que debían acatar las instrucciones de las colonias y las leyes impuestas. A los nativos les resultaba muy difícil someterse a las leyes de los colonos, ya que se oponían a sus pautas, nociones y sistema de creencias tradicionales.

Cuando se habla de las causas que condujeron a la guerra del rey Felipe, la mayoría de los historiadores coinciden en que el factor principal fue la usurpación de tierras tribales por parte de los puritanos. La migración masiva de colonos ingleses al Nuevo Mundo había creado la necesidad de expansión, que se produjo a expensas de las tribus nativas. Los ingleses trataron de apoderarse de las tierras de los nativos, lo que acabó desembocando en una sangrienta guerra.

El nombre del conflicto está relacionado con el nombre del sachem de los pokanoket y el gran sachem de la Confederación Wampanoag, Metacomet, que adoptó el nombre inglés de Felipe para estar más vinculado a los ingleses. Metacomet buscó una alianza con la colonia de Plymouth, y aunque llegaron a un acuerdo, pronto se dio cuenta de que no ayudarían a la tribu tanto como habían prometido.

A finales de enero de 1675, se encontró el cadáver de un nativo americano en un estanque del sureste de Massachusetts. Sin embargo, no se trataba de una persona cualquiera. Este hombre era John Sassamon, y era lo que se conocía como un indio rezador. Se trataba de nativos americanos que se habían convertido al cristianismo, ya sea de forma voluntaria o involuntaria. Se calcula que más de 1.600 nativos americanos de la colonia de la bahía de Massachusetts y de la colonia de Plymouth habían aceptado el cristianismo antes de la guerra. Parece que Sassamon, que pertenecía a la tribu de Massachusett, era un converso voluntario, ya que difundió el cristianismo entre las tribus cercanas. Sassamon también era importante para los ingleses porque sabía leer y escribir en inglés y además servía de intérprete. Antes de su muerte, advirtió a los ingleses de que Metacomet estaba planeando un ataque. Al principio, cuando los puritanos encontraron el cuerpo de Sassamon, pensaron que había sufrido un accidente. Pero al inspeccionarlo más de cerca, se dieron cuenta de que tenía el cuello roto. Muchos pensaron que John Sassamon había sido asesinado por orden del sachem, que buscaba vengarse de John por haber adoptado las costumbres y la religión inglesas. También es posible que Metacomet se enterara de que John había revelado sus planes. En junio, tres wampanoag fueron juzgados por un jurado bajo la sospecha de haber participado en el asesinato del bautizado John Sassamon. Curiosamente, este jurado fue el primer jurado mixto de la colonia de Plymouth, ya que contenía seis ancianos nativos americanos. Los tres hombres fueron declarados culpables y condenados a ser ejecutados.

Poco después, los guerreros pokanoket atacaron Swansea, un pequeño asentamiento en la colonia de Plymouth. Destruyeron la pequeña ciudad y volvieron más tarde para matar y saquear un poco más. Lo más probable es que esto se hiciera sin la aprobación de Metacomet, pero es difícil saberlo con certeza, ya que los nativos americanos no llevaban un registro exhaustivo. En cualquier caso, Metacomet consiguió la guerra que buscaba, ya que el ataque a Swansea se considera el acto de apertura de la guerra del rey Felipe. Tras el ataque, los gobiernos de las colonias de la bahía de Massachusetts y Plymouth decidieron enviar una expedición militar a un asentamiento wampanoag en Rhode Island.

Al igual que en la guerra Pequot, las autoridades coloniales buscaron el apoyo de las tribus nativas americanas. De hecho, durante esta guerra, los pequot ayudaron a los puritanos, al igual que los mohegan. En esta ocasión, los narragansett permanecieron neutrales, aunque algunos de ellos ayudaron a la Confederación Wampanoag en algunas incursiones. Los ingleses buscaron más alianzas, como la de los nipmuck, pero sin éxito. Cuando los colonos llegaron a un poblado nipmuck en las afueras de Boston, solo encontraron wigwams vacíos, pues los nipmuck ya se habían marchado para unirse a Metacomet. Aunque los Wampanoag tenían de su lado una unión bastante grande de tribus nativas americanas, no estaban verdaderamente unidos, y varios nativos americanos siguieron cooperando con los ingleses.

Las operaciones militares iniciales de ambos bandos fueron espontáneas, y no había organización. Al principio, la guerra consistió principalmente en la destrucción de cultivos y la matanza de ganado, pero los enfrentamientos se intensificaron en septiembre de 1675. Esto se debió quizás al hecho de que los colonos declararon oficialmente la guerra el 9 de septiembre, lo que sin duda habría puesto en marcha acciones más serias que las expediciones punitivas y las incursiones.

Aunque se pueden establecer comparaciones entre la guerra del rey Felipe y la guerra Pequot, hubo algunas diferencias importantes. A diferencia de los pequot, los wampanoag tuvieron varias acciones militares bastante exitosas y emplearon tácticas que recordaban más a las de los ingleses durante la guerra pequot. Por ejemplo, en la batalla de Bloody Brook, librada el 12 de septiembre, un grupo de nativos americanos atacó una caravana que transportaba alimentos y suministros. Se dice que los nativos mataron a unos cuarenta soldados y diecisiete civiles. En octubre, justo antes del invierno, el asentamiento colonial de Springfield, Massachusetts, fue quemado hasta los cimientos, y aunque la mayoría de la gente sobrevivió, el ataque destruyó gran parte de los alimentos guardados para los meses de invierno.

En diciembre se libró una de las batallas más duras de la guerra del rey Felipe. Ya en octubre, las autoridades de la colonia de Plymouth habían decidido que había que tomar algún tipo de medida contra la tribu de los Narragansett. Aunque no habían participado realmente en la guerra, habían dado refugio a miembros de la Confederación Wampanoag. Los puritanos podían temer que los narragansett se unieran a los wampanoag, lo que habría causado una lucha aún más dura para los colonos. Tampoco entendían muy bien qué tribu participaba en el esfuerzo bélico y cuál no. Sea como fuere, los colonos decidieron tomar medidas preventivas y quemaron varios poblados narragansett a principios de noviembre. A mediados de diciembre, los guerreros narragansett atacaron una guarnición de Rhode Island y mataron a unas quince personas. Esto provocó la mayor operación militar de la guerra hasta la fecha. Al igual que la campaña del fuerte Mystic, esta campaña recordaba a las batallas organizadas y libradas en el continente europeo.

El 19 de diciembre de 1675, unos 1.000 soldados coloniales y 150 guerreros nativos americanos marcharon hacia Rhode Island para tomar represalias contra el ataque de los narragansett. Allí, en medio de un frío glacial, los colonos y los nativos americanos aliados rodearon por completo a los narragansett, sin posibilidad de escapar. Cuando entraron en el fuerte, comenzó una gran lucha. A diferencia de los pequot del fuerte Mystic, los narragansett sabían del avance de las tropas inglesas, por lo que estaban preparados para recibir a los atacantes. Pero quizás no estaban preparados para la brutalidad que estaba a punto de desatarse.

Es interesante que las batallas cruciales tanto de la guerra Pequot como de la guerra del rey Felipe implicaran el incendio de un fuerte importante. Al igual que en el fuerte Mystic, mujeres, niños y guerreros perecieron en las llamas del fuerte de Narragansett. No se conoce el número exacto de víctimas, pero se cree que murieron unos 97 guerreros y entre 300 y 1.000 civiles. Sin embargo, a diferencia del fuerte Mystic, los narragansett pudieron infligir algún daño a las filas inglesas. Muchos guerreros narragansett huyeron del fuerte en llamas, y en la batalla posterior murieron unos 70 ingleses y 150 resultaron heridos.

A lo largo del invierno, los nativos americanos siguieron utilizando tácticas similares a las empleadas durante la guerra Pequot, empleando sobre todo ataques de guerrilla. A diferencia de la guerra Pequot, la mayoría de estos ataques se llevaron a cabo en aldeas, por lo que las mujeres y los niños fueron a menudo víctimas. Los nativos evitaron la confrontación directa con las tropas inglesas con bastante habilidad. Debido al terreno, los británicos a menudo no tenían suficiente espacio para realizar maniobras militares de mayor envergadura, con las que estaban más familiarizados. La mayoría de las batallas reales tuvieron lugar en zonas como los pantanos.

Los ingleses trataron de tomar represalias contra estos ataques a mansalva, lo que dio lugar a uno de los momentos más brutales de la guerra, y esta vez, los ingleses no estaban por detrás. Los puritanos habían recibido información sobre el movimiento de las tropas de los nativos americanos, y el 26 de marzo de 1676, el capitán Michael Pierce se llevó a unos sesenta soldados coloniales y veinte aliados nativos para perseguir a los narragansett, que acababan de quemar varios pueblos. El capitán Pierce sabía que los nativos americanos eran partidarios de las emboscadas y los ataques repentinos, pero no debió darle demasiada importancia. Aunque era un soldado experimentado, Pierce cometió el error de actuar precipitadamente y movilizar bruscamente a sus tropas sin observar primero la situación ni enviar un equipo de reconocimiento por delante. Como resultado, los narragansett tendieron una emboscada a las tropas inglesas. Los ingleses y sus aliados formaron formaciones defensivas, pero el número de tropas inglesas fue disminuyendo a medida que avanzaba la batalla. Los narragansett atacaron en intervalos cortos, lo que les permitió conservar su energía y no dar a su enemigo el tiempo suficiente para hacer un balance de la situación. La batalla duró algo menos de dos horas, y durante ella murieron casi todos los soldados ingleses, incluido el capitán Pierce. Los narragansett, en cambio, solo perdieron a unos pocos guerreros. La matanza, por sí sola, es lo suficientemente brutal como para situarla en los libros de historia, pero los narragansett dieron un paso más. Tomaron a diez colonos como prisioneros y luego procedieron a torturar a nueve de ellos hasta la muerte. El lugar donde se produjo la tortura se conoce como la Miseria de los Nueve Hombres, y todavía hoy se puede visitar la placa que marca el lugar.

La guerra del rey Felipe continuó durante todo el verano de 1676, y los nativos americanos fueron retrocediendo cada vez más, aunque asestaron algunos duros golpes. Sin embargo, la mayor parte del tiempo retrocedieron, buscando la oportunidad perfecta para ganar un mejor terreno en el conflicto. Por desgracia para ellos, esa oportunidad nunca llegó. En julio, la sachem femenina de Niantic,

Quaiapen, fue a buscar comida con una banda de unos 100 nativos americanos. Unos 300 colonos y 100 aliados nativos atacaron a la fuerza de Quaiapen. Sus hombres fueron derribados y los que salieron vivos fueron vendidos como esclavos. La propia Quaiapen murió en el enfrentamiento, y muchos historiadores creen que este fue el punto de no retorno para los narragansett, no solo en la guerra, sino en general. Después de esto, serían incapaces de reorganizarse eficazmente, lo que provocó la pérdida de muchos de sus miembros. Los wampanoag también sufrieron, ya que empezaron a perder aliados a diestra y siniestra. No ayudó el hecho de que los nativos no tuvieran la capacidad ni los recursos para continuar la guerra contra los ingleses, que eran mucho más sofisticados en términos de guerra.

La alianza de los nativos americanos recibió otro gran golpe ese verano cuando murió el sachem de los narragansett, Canonchet. Fue capturado y ejecutado por la tribu Mohegan, aliada de los ingleses. En agosto de 1676, el rey Felipe, o el sachem Metacomet, se encontraba constantemente en fuga. Un hombre llamado John Alderman le disparó y asesinó. Al igual que John Sassamon, Alderman era un indio rezador. La tradición inglesa dictaba que el cuerpo de Metacomet fuera decapitado y luego descuartizado. Según algunas fuentes, su cabeza cortada fue colocada en una estaca, que permaneció en Plymouth durante décadas. Las fuentes dicen que el concejal recibió la cabeza de Metacomet, así como una de sus manos, por matar al sachem. Posteriormente vendió la cabeza a la colonia de Plymouth por treinta chelines.

La muerte de Metacomet significó el fin de los combates en el escenario principal de la guerra, pero la lucha continuó en New Hampshire y Maine, siendo este último un lugar donde los nativos americanos tuvieron más éxito. En el Tratado de Casco, firmado en 1678, se restablecieron las relaciones amistosas entre los colonos y los nativos americanos, concretamente los wabanaki. Los ingleses conservaron su derecho a las tierras, pero a cambio debían pagar un tributo anual de un picotín de maíz por cada familia que se asentara en ellas. Por supuesto, como los wampanoag habían perdido la guerra, nunca vieron un tratado que dictara condiciones amistosas como este. Sin embargo, muchos de los que habían luchado en la guerra del rey Felipe en el escenario del sur se dirigieron al norte, a los wabanaki. Hoy en día, se puede encontrar a los descendientes de estos refugiados viviendo allí. Algunos acabaron regresando a Massachusetts durante la guerra de los Siete Años.

Como los colonos tuvieron éxito, pudieron adquirir las tierras que buscaban sin demasiada resistencia, al menos por el momento. No habría otra guerra importante en Nueva Inglaterra entre los colonos y los nativos americanos hasta 1722, con el estallido de la guerra de Dummer. Sin embargo, seguían produciéndose masacres e incursiones, siendo ambos bandos los instigadores. Sin embargo, la guerra del rey Felipe fue importante para los colonos en otros aspectos. Supuso el primer conflicto a gran escala en el que los colonos actuaron por su cuenta sin ningún tipo de apoyo de Europa. Se podría considerar que fue el primer paso para que los colonos se dieran cuenta de que podían prosperar por sí mismos sin la interferencia europea, aunque la verdadera independencia no llegaría a los colonos hasta algo menos de 100 años después de que la guerra del rey Felipe terminara oficialmente.

La guerra del rey Felipe tuvo consecuencias nefastas para la región. Un gran número de personas murieron en ambos bandos, y las estadísticas muestran que, si tenemos en cuenta la población total y el tamaño de Nueva Inglaterra, este fue el conflicto más devastador de la historia del país. Se cree que perecieron unos 5.000 nativos americanos y 2.500 colonos. Esto equivale al 40% y al 5% de su población, respectivamente. Muchos creen que, como mínimo, fue el conflicto más devastador de la historia colonial estadounidense.

En muchos sentidos, la guerra del rey Felipe recordaba a la guerra Pequot. Ambas guerras compartieron la misma intensidad de brutalidad, aunque las estadísticas son algo diferentes. Sin embargo, la guerra del rey Felipe fue un conflicto mucho más grande que la guerra Pequot, por lo que tiene sentido que las víctimas sean en mayor cantidad. Participaron muchas tribus y, en esta ocasión, la mayoría de ellas se pusieron del lado de los nativos americanos ofendidos, a diferencia de la guerra Pequot, en la que estos, en su mayoría, lucharon por su cuenta. Sin embargo, al igual que en la guerra Pequot, muchas de estas tribus sufrieron hasta el punto de no poder volver a encontrar su sitio. Por ejemplo, los wampanoag fueron casi aniquilados hasta el punto de extinguirse. Después de la guerra, se cree que solo quedaban 400 de ellos.

Una diferencia clave entre la guerra Pequot y la guerra del rey Felipe radica en el hecho de que la guerra del rey Felipe no fue un asunto localizado. La guerra tuvo lugar en Massachusetts, Rhode Island, Connecticut e incluso Maine. La guerra también causó enormes daños materiales. Según la información disponible, al comienzo de la guerra, los británicos habían fundado unas noventa ciudades en Nueva Inglaterra. Los nativos americanos atacaron más de cincuenta de ellas, diecisiete de las cuales fueron incendiadas. El hecho de que el rey Carlos II de Inglaterra fuera consciente de la gravedad de la situación dice mucho de la magnitud del conflicto, ya que la guerra agotó considerablemente los recursos financieros de las colonias.

Sin embargo, la guerra del rey Felipe fue novedosa a su manera. Durante la guerra, los ingleses difundieron eficazmente la propaganda. Aparecieron boletines por toda Inglaterra, especialmente en Londres, en los que se mostraban las atrocidades y los métodos brutales que los nativos americanos llevaban a cabo contra los colonos. La prensa siguió de cerca los acontecimientos en Nueva Inglaterra. Por ejemplo, se describió cuidadosamente un ataque a una familia inglesa. En este caso, un grupo de nativos mató a una familia de seis miembros: un padre, una madre, un hijo, la mujer del hijo y dos niños pequeños. Los detalles de esa masacre fueron espantosos para quienes la leyeron, lo que desarrolló aún más el antagonismo hacia los nativos.

Sin embargo, al igual que en la guerra Pequot, faltan testimonios escritos de los nativos americanos. Cuando los académicos examinan los acontecimientos de la guerra Pequot, se ven obligados a utilizar los relatos de los participantes directos en la guerra, como John Mason, John Underhill y el gobernador John Winthrop, ya que son casi inexistentes las fuentes de los nativos americanos. El problema es que estas fuentes solo reflejan un bando, por lo que, inevitablemente, el sesgo y las percepciones distorsionadas tiñen el escrito. En una situación así, no es fácil hacer una reconstrucción exacta de los acontecimientos que tuvieron lugar, y lo mismo ocurrió con la guerra del rey Felipe.

La primera historiografía transmitía la información de las fuentes primarias sin una interpretación seria, ignorando el sesgo que pudiera haber. Después de la Segunda Guerra Mundial, se formó un nuevo enfoque de la historia de la guerra Pequot, así como de otros conflictos coloniales. Muchos historiadores de la nueva generación consideran el wampum como el factor económico básico que condujo a la guerra Pequot. También han surgido varios historiadores que defienden la tesis de que las acciones de los ingleses en el Nuevo Mundo se dirigieron contra las tribus indígenas por su codicia; los historiadores creen que se trataba de un esfuerzo por confiscar las tierras de los nativos y controlar el wampum, del que los pequot tenían grandes reservas. Además de esto, los historiadores señalan los factores culturales y sociales que llevaron a la guerra. Los factores religiosos, sin duda, desempeñaron un papel en el estallido del conflicto.

Durante la guerra de Vietnam, en Estados Unidos se produjo una exaltación de los valores, como la moral y el fortalecimiento de las corrientes liberales. Esto también se reflejó en las ciencias y en la interpretación de los acontecimientos de la historia. Durante este periodo, algunos historiadores estadounidenses, como Laurence M. Hauptman y Barbara Alice Mann, caracterizaron directamente las acciones de los puritanos, principalmente la campaña del río Mystic, como actos genocidas.

Una visión más precisa de la guerra Pequot sería posible con los testimonios de los pequot, pero, por desgracia, ninguno de ellos ha sobrevivido. De este modo, la historia se ha visto privada de una imagen completa de la guerra Pequot y de la relación secular entre los nativos americanos y los inmigrantes europeos.

Capítulo 10 - ¿Dónde están hoy? Una mirada a los pequot

En 1683, los pequot que permanecieron en la zona de Nueva Inglaterra fueron trasladados a reservas. No quedaban muchos de ellos, ya que la gran mayoría había sido aniquilada debido a las enfermedades, la guerra, o habían sido convertidos en esclavos, siendo muchos de ellos propiedad de las tribus que habían ayudado a los ingleses. Sin embargo, con el paso del tiempo, algunos consiguieron regresar a su hogar ancestral, y el gobierno de Connecticut estableció dos reservas: la Reserva Pequot del Este y la Reserva Pequot de Mashantucket.

Parecía que los pequot estaban perdiendo la batalla para mantener su tribu intacta a medida que pasaban los años. Como se mencionó en un capítulo anterior, un censo de 1774 mostraba que había 151 pequot en la Reserva Mashantucket; a principios de 1800, ese número se había reducido a unos 40. Muchos se trasladaron fuera de la reserva, en busca de trabajo, y por ello se involucraron en tradiciones de naturaleza más europea, como la asistencia a escuelas inglesas o la conversión al cristianismo.

Tomemos como ejemplo los esfuerzos de Samson Occom (1723-1792). Fue uno de los fundadores de los indios Brothertown, que era una tribu de nativos americanos compuesta por antiguos miembros de las tribus pequot y mohegan, y eran firmes creyentes en el cristianismo. El propio Occom no era un pequot; más bien, pertenecía a los mohegan, y se cree que podría haber sido descendiente de Uncas, el jefe que separó a los mohegan de los pequot. La fe de Occom era inquebrantable, y pasó su vida ayudando a tribus como los pequot a asimilarse a la cultura inglesa, lo que incluía no solo la religión, sino también la ropa, los edificios y la comida. Sin embargo, aunque Occom creía en la asimilación, los ingleses lo trataban mal. Por ejemplo, hacia 1765, Occom llegó a un acuerdo con un ministro llamado Eleazar Wheelock sobre la fundación de una escuela para nativos americanos. Wheelock persuadió a Occom para que viajara a Inglaterra a fin de obtener más fondos, y mientras Occom estaba en el extranjero, Wheelock convirtió la escuela en el Dartmouth College, una de las universidades más prestigiosas de Estados Unidos en la actualidad. Pero, aunque los sueños de Occom de crear una escuela para nativos americanos se vieron truncados, sus creencias se mantuvieron firmes y siguió difundiendo el mensaje del cristianismo por toda la zona.

El trabajo de Occom fue solo uno de los muchos factores que llevaron a la disminución del número de pequot. En 1856, el estado de Connecticut vendió gran parte de la reserva de los pequot de Mashantucket. Los pequot vivían antes en un espacio de 989 acres; ahora, se veían reducidos a ganarse la vida en una reserva de 213 acres. No es de extrañar que muchos se marcharan, ya que la gran mayoría de la tribu emigró a las nuevas zonas urbanas cercanas, como Westerly (Rhode Island). Un censo de 1910 afirma que los pequot de la reserva de Mashantucket solo contaban con unos sesenta y seis miembros.

En el siglo XIX y principios del XX, muchos de los miembros pequot supervivientes se vieron obligados a adaptarse al nuevo modo de vida que había surgido en el país. La industrialización había transformado el país en una potencia, y estos cambios no iban a pasar de largo para los nativos americanos. Un gran número de nativos americanos se vinculó al mar, dedicándose a las industrias de la pesca y la construcción naval. Algunos de los pequot ganaban su dinero zarpando en expediciones de pesca y caza de ballenas, las cuales podían durar meses. Además de la pesca, los pequot también se encargaban de fabricar las velas y las cuerdas que se utilizaban en los numerosos barcos atracados en los puertos de Nueva Inglaterra. La práctica de la caza de ballenas también se había intensificado durante este periodo. La grasa de ballena, que luego se transformaba en aceite, se utilizaba para varias cosas, como el jabón y los cosméticos. La extracción de la deseada grasa de ballena era un proceso muy exigente y complicado, pero algunos pequot se especializaron en este negocio. Los nativos americanos también ayudaban a producir arpones y otros equipos, y algunos de ellos incluso utilizaban sus arpones para ganarse la vida. George, un pequot cristianizado, dirigía una tienda especializada en Mystic Harbor en la década de 1930 que fabricaba barriles con aceite de ballena. Además, se produjo un aumento del comercio, y los puertos locales formados por los ingleses durante el siglo XIX fueron un lugar de encuentro no solo para los pequot, sino también para otros miembros de las tribus descendientes de la guerra Pequot, es decir, los narragansett y los mohegan. Las mujeres de la tribu Pequot también se dedicaban a los negocios, ya que a menudo alquilaban pensiones a marineros de todo el mundo. Estas circunstancias permitieron a los pequot transmitir sus negocios y habilidades a las siguientes generaciones, lo que significa que los que vivían fuera de las reservas no tendrían planes de regresar pronto.

Sin embargo, las cosas no seguirían siendo tan sombrías, aunque tuvieron que pasar muchas décadas para que se produjera un resurgimiento. Durante el siglo XX, la comunidad pequot siguió siendo desplazada de la zona de Massachusetts, principalmente por factores económicos. Los pequot que quedaban en la zona, cuyo número seguía disminuyendo, buscaban vivir en armonía con el medio ambiente; para ellos, la tierra representaba un elemento crucial de su identidad tribal e individual. La década de 1970 fue una década de esperanza y promesa para los pequot, que empezaron a regresar a la reserva de Mashantucket. Se dieron cuenta de que para tener alguna esperanza de salvar su cultura, tenían que volver a su tierra natal y exigir sus derechos. Al restaurar las tierras que habían sido vendidas ilegalmente, los pequot creían que vendrían más miembros a unirse a la tribu y, con el tiempo, podrían mantenerse y desarrollar su cultura, que prácticamente se había perdido. Si no fuera por los esfuerzos de estas personas, podría haberse perdido por completo.

Las décadas de 1950, 1960 y 1970 resultaron ser un momento crucial para los nativos americanos en general. A lo largo de la historia, fueron muchos los que denunciaron las injusticias que se habían cometido contra ellos, pero fue como si un interruptor se activara a finales de la década de 1950. Cada vez más personas se involucraron en el activismo para exigir que se les respetara y reconociera a sus tribus. También surgieron grupos militantes que exigían un cambio, aunque esto ocurrió más bien a finales de la década de 1960. Y definitivamente había que cambiar. En 1970, la tasa de desempleo de los nativos americanos era diez veces superior a la media nacional, y alrededor del 40% de los nativos americanos vivían por debajo del umbral de la pobreza. La esperanza de vida de un nativo americano era de solo cuarenta y cuatro años, y muchas de esas vidas transcurrían en la miseria. Las condiciones de las reservas se habían deteriorado tanto que parecían países del tercer mundo en lugar de una parte de Estados Unidos.

Surgieron diferentes movimientos y, aunque cada uno tenía objetivos diferentes, una ambición común era el reconocimiento federal de las tierras que les habían sido arrebatadas. También querían poder ejercer un mayor control sobre sus tierras y tener más voz en el gobierno. Aunque los nativos americanos habían sido designados como ciudadanos en la década de 1920, no se les permitía votar a menos que el estado lo aprobara. Su lucha por el voto se prolongó hasta la década de 1960, e incluso entonces se vio obstaculizada por los impuestos electorales y los exámenes de alfabetización. Este movimiento a favor de los derechos de los nativos americanos coincidió con el movimiento por los derechos civiles de los afroamericanos, y ambas partes parecían respetar y defender las causas de los demás. Tanto los afroamericanos como los nativos americanos no tendrían garantizado el derecho al voto de forma pacífica hasta que se aprobó la Ley de Derecho al Voto de 1965.

Los pequot se unirían a este movimiento para conseguir más derechos civiles. En 1973, la última pequot que quedaba en la Reserva Mashantucket, Elizabeth George, murió. Como no quedaba nadie viviendo en la tierra, esta fue revertida al estado de Connecticut, lo que ocurrió de acuerdo con la ley. Sin embargo, la familia de Elizabeth creía que la tierra pertenecía a los pequot, no al estado. En 1975, el nieto de Elizabeth, Richard A. Hayward, se reunió con la Coalición de Nativos Americanos del Este, también conocida como CENA, y le ayudaron a iniciar los pasos para reclamar la tierra. Richard también empezó a hacer campaña para que se reconociera su organización a nivel federal y, un año después, Connecticut reconoció a su grupo, al que denominó Western Pequot.

Richard y su grupo no estaban solos en su lucha. En 1976, los pequot presentaron una demanda contra los propietarios de las tierras que habían sido vendidas ilegalmente en 1856 por el gobierno de Connecticut. Para ayudarles a ganar esta batalla, los pequot obtuvieron la ayuda del Fondo para los Derechos de los Nativos Americanos y de la Asociación para los Derechos de los Indios. Lucharon en los tribunales durante siete años hasta que finalmente se les devolvió la tierra. Mientras tanto, Richard Hayward y los Western Pequot recibieron una subvención para desarrollar un plan económico para la reserva, y fueron reconstruyendo la pequeña reserva para que cumpliera con mejores estándares.

En 1982, Hayward y su grupo solicitaron el reconocimiento federal de una nueva tribu, que pasaría a conocerse como la Nación Tribal Mashantucket Pequot. Sin embargo, para lograrlo, necesitaban que la Oficina de Asuntos Indígenas se involucrara. El problema era que los Western Pequot no disponían de la documentación necesaria para demostrar su linaje. De hecho, el autor estadounidense Jeff Benedict cree que los pequot de Mashantucket no son realmente pequot; su opinión es que descienden de los narragansett. Los pequot han declarado que la afirmación de Benedict es falsa, sobre todo porque no tiene en cuenta los linajes de los censos de principios del siglo XX, que muestran la ascendencia lineal de once familias pequot (esto se utilizó en el caso judicial para demostrar su linaje). Para impulsar su reclamo, los Western Pequot se aliaron con los pequot que pretendían recuperar las tierras tomadas ilegalmente. Aunque el proyecto de ley fue aprobado por el Senado, el presidente de EE UU, Ronald Reagan, lo vetó por considerar que sentaría un precedente alarmante para la creación de tribus. Sin embargo, los miembros del Congreso pensaron que Reagan acababa de pasar por encima de un proyecto de ley que era de suma importancia para salvar a las comunidades tribales nativas americanas. Reagan entró en razón y llegó a un compromiso, y el proyecto de ley se aprobó más tarde, en 1983. Además de obtener el reconocimiento federal, la tribu recibió el dinero suficiente para recomprar sus tierras confiscadas. Fue un gran momento para los pequot porque pudieron organizar de forma independiente su autogobierno y obtener ciertos poderes legales. El reconocimiento federal de la comunidad tribal también concedió a los pequot ciertos beneficios en forma de asistencia sanitaria y económica para la educación.

Los pequot se instalaron en la reserva y empezaron a buscar formas de ganarse la vida. Muchos se dedicaron a vender jarabe de arce, madera de cordón y cultivos. También invirtieron en cerdos, un invernadero hidropónico y un negocio de arena y grava. Richard Hayward tenía grandes planes propios para revitalizar la economía de la reserva, y una de las primeras cosas que estudió fue construir algo que hiciera ganar dinero rápido a la reserva. Pensó que la mejor manera de hacerlo era invirtiendo en una empresa de bingo de altas apuestas, que se inauguró en julio de 1986. Dos años después, había generado más de treinta millones de dólares.

Ese mismo año se aprobó la Ley de Regulación del Juego Indígena, que estableció el marco para la legalización del juego en las reservas. Hayward se dio cuenta de que tener un casino en la reserva atraería a más gente, que se animaría a ayudar a la economía apoyando a los pequeños negocios mientras estuvieran en la zona. Sin embargo, muchos expertos pensaron que esta medida no era viable desde el punto de vista financiero porque la zona de Connecticut no era un destino popular. Los representantes de la tribu enviaron una carta a Wall Street, pidiéndoles que apoyaran sus esfuerzos financieramente. Esta petición no fue aceptada, pero la comunidad pequot no se rindió. Buscaron la ayuda financiera de un inversor malayo llamado Lim Goh Tong, que en su día fue el hombre más rico de Malasia. En 1992, Hayward abrió las puertas del Casino Foxwoods, un casino de fama mundial en la actualidad.

Sin embargo, el casino no empezó a lo grande. Al principio, solo había juegos de mesa, pero las máquinas tragaperras se añadieron un año después. Aunque no era una gran empresa en sus primeros años, tenía el monopolio del juego en la región, lo que le permitiría expandirse aún más al no tener otra competencia. Al principio, el casino estaba pensado para abrir entre ocho y doce horas. Con el paso del tiempo, y a medida que las multitudes seguían llegando, los propietarios se dieron cuenta de que podían permanecer abiertos las 24 horas del día. En la actualidad, el Casino Foxwoods cuenta con más de cincuenta juegos de mesa, casi 1.500 máquinas tragaperras, un enorme hotel, un teatro con 4.000 asientos para conciertos y similares, cuatro restaurantes y cuatro outlets. Sus ingresos ascienden a miles de millones de dólares y es el cuarto casino más grande del mundo.

En la zona de Connecticut, la comunidad tribal pequot es el mayor empleador privado. Además del casino, en esa zona hay una oficina de correos llamada "Pequot Post", que emplea sobre todo a miembros de la comunidad tribal. La oficina de correos se inauguró en 1993, y desde entonces realiza las tareas habituales relacionadas con el correo. En lo que respecta a la oficina de correos, la comunidad tribal trató repetidamente de obtener su propio código postal, y sus esfuerzos dieron finalmente sus frutos en 2002.

Hoy en día, la tribu puede mirar hacia atrás en su larga historia y ver los enormes avances que han hecho. Donde antes solo había un miembro en la Reserva Mashantucket, ahora hay más de mil. Y en lugar de vivir en un territorio que constaba de 213 acres, los pequot viven ahora en una reserva que abarca nada menos que 1.200 acres. Cabe señalar que existen más pequot que los que viven en la reserva de Mashantucket, aunque se desconoce el número exacto.

Los pequot modernos buscan constantemente acercar su historia al pueblo estadounidense y sus propias tradiciones y cultura. Pusieron en marcha una iniciativa para aumentar el número de lecciones sobre su historia en los centros educativos. Para ello, donaron una gran cantidad de material escrito, que aún está pendiente de ser consolidado en un gran estudio sobre los pequot. Los pequot también han emprendido esfuerzos para recuperar su lengua a través de estos documentos y del análisis de lenguas estrechamente relacionadas. Hasta ahora han recuperado mil palabras, lo que no es suficiente para tener realmente una lengua propia, pero es el inicio de algo prometedor.

Los pequot lograron sobrevivir a los tiempos turbulentos de la historia. Es una comunidad que, en un momento de su existencia, estuvo a punto de extinguirse. Pero al final, sobrevivieron a las dificultades que se les plantearon.

Conclusión

La guerra Pequot representa uno de los episodios más significativos de la historia de los Estados Unidos. Antes de la guerra, los pequot eran una gran comunidad con miles de miembros. Eran la tribu más poderosa de toda la zona de Connecticut, pero con la llegada de los ingleses, un nuevo poder pasaría a primer plano. Pero incluso antes de que se disparara un tiro, los pequot fueron diezmados, como otras tribus, debido las enfermedades infecciosas que trajeron los europeos.

El asentamiento de los puritanos en Norteamérica se intensificó durante la década de 1620. Al principio, sin embargo, la gente se llevaba bastante bien. Los ingleses trataron de participar activamente en el comercio y, por ello, interactuaron intensamente con los colonos holandeses y las tribus indígenas, entre las que destacaban los pequot. En su búsqueda del dominio comercial, los puritanos entraron en conflicto con todos. Sin embargo, los pequot también entraron en conflicto con todos en su búsqueda de ser la fuerza más dominante, hasta el punto de alienar a otras tribus.

Durante los dramáticos acontecimientos de la década de 1630, los pequot mataron al colono inglés John Stone. Casi nadie se interesó por el suceso en ese momento, pero finalmente, los puritanos utilizarían su muerte como una de las razones para iniciar una guerra contra los pequot.

Unos dos años más tarde, John Oldham murió, aunque la historia desconoce quién fue su asesino (a pesar de que es muy probable que fueran los narragansett, que luego inculparon a los pequot por la muerte de Oldham). Con estas razones en mente, los ingleses consideraron que no tenían otro camino que declarar la guerra a los pequot.

Muchos factores influyeron en el resultado de la guerra Pequot. Los ingleses ganaron principalmente gracias al uso de una guerra más moderna, su superioridad tecnológica, su organización y sus tácticas militares. Los pequot eran inferiores a los ingleses en esos aspectos, y como los ingleses eran todavía bastante nuevos en el continente, los pequot no habían tenido aún la oportunidad de estudiar y aprender la forma de luchar de los europeos.

Sin duda, la batalla más importante de la guerra Pequot fue la del fuerte Mystic. En el fuerte Mystic, los ingleses mataron entre 400 y 700 pequot, la mitad de los cuales fueron quemados vivos. La mayoría de las víctimas eran niños y mujeres. Con esta campaña, los ingleses impidieron cualquier recuperación de la tribu Pequot.

John Mason trató de justificar la masacre del fuerte Mystic recurriendo a la religión, que era una justificación común en aquella época. Según Mason, "Pero DIOS estaba por encima de ellos, que se reía de Sus enemigos y de los enemigos de Su pueblo, haciéndolos como un horno de fuego: Así fueron estropeados los de Corazón Firme, habiendo dormido su último Sueño, y ninguno de sus Hombres pudo encontrar sus Manos: Así juzgó el Señor entre los paganos, llenando el lugar de cadáveres".

A pesar de los desacuerdos entre los historiadores sobre si hubo o no genocidio, está claro que la guerra casi borró a los pequot de la faz de la tierra. Los supervivientes fueron vendidos como esclavos o regalados a las tribus aliadas. Como resultado, los ingleses establecieron un dominio total en la zona de Connecticut. Fue la primera fase de la expansión inglesa en Norteamérica.

En 1889, se erigió un monumento al capitán John Mason en el lugar de la masacre de Mystic. Con el paso del tiempo, se han puesto en marcha iniciativas para eliminar el monumento. Esta disputa se convirtió en un problema de larga duración para las autoridades locales, y finalmente fue retirado y reubicado en Windsor, Connecticut. El territorio más amplio del fuerte Mystic figura hoy en el Registro Nacional de Lugares Históricos. Se añadió a esa lista el 24 de agosto de 1979.

Vea más libros escritos por Captivating History

Literatura:

Gary Anderson Clayton, "The Native Peoples of The American West: Genocide or Ethnic Cleansing?". WESTERN HISTORICAL QUARTERLY, Volume 47, Issue 4, Winter 2016

Michael Brown, Shared History: Understanding the Impact of the Pequot War, May 2016.

Bethany Berger, *Red: Racism and the American Indian*, University of Connecticut, 2009.

Alfred A. Cave, *The Pequot War*, University of Massachusetts Press Amherst, 1996.

Katherine A. Grandjean, *New World Tempests: Environment, Scarcity, and the Coming of the Pequot War*, Omohundro Institute of Early American History and Culture, 2011.

Denis Diderot, Thoughts on the Interpretation of Nature, France. 1754.

Raphael Lemkin, Axis Rule in Occupied Europe: Laws of Occupation, Analysis of Government, Proposals for Redress, Washington, DC: Carnegie Endowment for International Peace, 1944.

Philip Jenkins, *History of the United States*, originally published by Palgrave, Houndmils, Basingstoke, Hampspie, Beograd (Serbia), 2002, Translated by Filip Višnjić.

Jacobs Jaap, *Dutch Colonial Fortifications in North America*, New Holland Foundation, Amsterdam 2015.

Andrew C. Lipman, *Murder on the Saltwater Frontier: The Death of John Oldham*, University of Pennsylvania Press, Spring 2011.

John Lazuk, Cultural Perception in Early New England: Europeans, Indians, and the Origins of the Pequot War of 1637, University of Montana, 1983.

George Francis Dow, *Every Day in Massachusetts Bay Colony*, First Published in Boston, 1935 Reissued in 1967, by Benjamin Bloom, Inc. Reprint Edition 1977 by Arno Press Inc, November 2013.

Brenden Rensink, Genocide of Native Americans: Historical Facts and Historiographic Debates, University of Nebraska, Lincoln, 2011.

Group of authors: Kevin McBride, Douglas Currie, David Naumec, Ashley Bissonnette, Noah Fellman, Laurie Pasteryak & Jacqueline Veninger, "Battle of Mistick Fort, Site Identification and Documentation Plan", Public Technical Report National Park Service American Battlefield Protection Program, Mashantucket Pequot Museum & Research Center.

Group of authors: David Naumec, Ashley Bissonnette, Noah Fellman & Kevin McBride, "Technical Report Battle of Pequot (Munnacommock) Swamp, July 13-14, 1637", September 2017.

Group of authors: Allan Nevins & Henry Steele Commager, *The Pocket History of The United States*, Pocket Books Inc, New York, August 1992.

Fuentes primarias:

Lion Gardiner, *Relation of the Pequot Warres* (1660), University of Nebraska – Lincoln, Editor: W. N. Chattin Carlton.

John Mason, *A Brief History of the Pequot War*, University of Nebraska-Lincoln, Editor Paul Royster, August 2007.

John Underhill, Newes from America; Or, A New and Experimentall Discoverie of New England; Containing, A Trve Relation of Their War-like Proceedings These Two Yeares Last Past, with a Figure of the Indian Fort, or Palizado, University of Nebraska-Lincoln, Editor Paul Royster, August 2007.

Philip Vincent, A True Relation of the Late Battell fought in New England, between the English, and the Salvages: With the present state of things there (1637), University of Nebraska-Lincoln, Editor: Paul Royster, 2007.

www.ingramcontent.com/pod-product-compliance
Lightning Source LLC
LaVergne TN
LVHW041645060526
838200LV00040B/1719